→ **Wortinterpretation (grammatische Auslegung):**

„aus der eigentümlichen Bedeutung d

→ **Systematische Auslegung:**

„in ihrem Zusammenhange"

→ **Historische Auslegung (subjektiv**

„aus der klaren Absicht des Gesetzge

→ **Teleologische Auslegung (nach dem objektiven Gesetzeszweck):**

in § 6 allerdings nicht deutlich („Absicht des Gesetzgebers" kann sowohl subjektiv als auch objektiv verstanden werden)

Welche Auslegungsmethoden ergeben sich anerkanntermaßen (explizit und implizit) aus der Vorschrift des § 6 ABGB?

Legaldefinitionen legen die präzise rechtliche Bedeutung von Ausdrücken fest, die in einem Gesetz verwendet werden.

Sie ersparen es dem Rechtsanwender weitgehend, nach dem präzisen Inhalt eines gesetzlichen Merkmals zu suchen. Auch ist davon auszugehen, dass ein vom Gesetz selbst definierter Ausdruck immer mit derselben Bedeutung verwendet wird. (Allerdings können Merkmale, mit denen der Begriff erklärt wird, ihrerseits wiederum auslegungsbedürftig sein.)

Bsp: § 21 Abs 2 ABGB definiert unmündige Minderjährige als Personen, die das 14. Lebensjahr noch nicht vollendet haben. (Wann dieses Lebensjahr ganz genau vollendet wurde, sagt § 21 allerdings nicht.)

Was sind Legaldefinitionen und welchen Zweck haben sie?

Bei der Auslegung (Interpretation) einer konkreten Gesetzesbestimmung geht es darum, deren präzisen Inhalt („Sinngehalt“) zu klären. Kaum eine Norm ist nach bloßer Lektüre zur Gänze eindeutig, sondern allenfalls im sog Begriffskern. Deshalb hat der Rechtsanwender zu überlegen, was mit der Gesetzesformulierung genau gemeint ist.

Bsp für auslegungsbedürftige Ausdrücke: „Vieh“ (zB in den §§ 933, 1321 ABGB); „geringfügige Angelegenheit des täglichen Lebens“ (§ 170 Abs 3 ABGB); „angemessene Frist“ (§ 918 Abs 1 ABGB).

Was ist das Ziel der Gesetzesauslegung?

Mit „Subsumtion" ist nichts anderes als die Anwendung einer oder mehrerer Rechtsnormen auf einen konkreten Sachverhalt gemeint: Ist der Tatbestand der Norm erfüllt, greift auch die vorgesehene Rechtsfolge ein.

Bsp: Ist etwa zu prüfen, ob A von B Schadenersatz verlangen kann, ist der festgestellte Sachverhalt (zB Sachbeschädigung) unter § 1295 Abs 1 ABGB zu subsumieren. Danach müssen folgende vier Tatbestandsvoraussetzungen erfüllt sein:

- *Schaden von A, den B*
- *rechtswidrig und*
- *schuldhaft*
- *verursacht hat.*

Was bedeutet „Subsumtion"?

Zwingend (absolut): Gesetzesvorschriften, die durch vertragliche Vereinbarung überhaupt nicht verdrängt werden können.

Bsp: § 879 ABGB (Gesetz- und Sittenwidrigkeit)

Halbzwingend (relativ): Vorschriften, die bloß zum Nachteil eines Vertragspartners nicht verdrängt werden können.

Bsp: viele Vorschriften des Verbraucherschutzrechts

Dispositiv (nachgiebig): Vorschriften, von denen innerhalb der generellen Grenzen der Gesetz- und Sittenwidrigkeit (§ 879 ABGB) jedenfalls durch individuelle Vereinbarung nahezu beliebig abgewichen werden kann.

Bsp: § 1000 Abs 1 ABGB (4 % Verzugszinsen)

Was sind zwingende, halbzwingende und dispositive Normen?

An sich sollen die Gerichte Recht anwenden, nicht schaffen (Verfassungsprinzip der Gewaltenteilung). Daher sind einzelne Gerichtsentscheidungen auch nur für die konkreten Parteien verbindlich (deutlich idS § 12 ABGB).

Unbestritten ist allerdings, dass Entscheidungen des OGH für spätere rechtlich gleich gelagerte Fälle eine wichtige Orientierungshilfe sind: Im Zweifel wird ebenso wie bisher entschieden werden.

Dennoch kommt es immer wieder zu Judikaturänderungen. Diese sind zulässig und uU sogar geboten, wenn das Gericht die frühere Begründung für nicht (mehr) tragfähig hält. Ansonsten spricht schon das Prinzip der Rechtssicherheit für eine Beibehaltung (dann Richterrecht als „subsidiäre Rechtsquelle“ denkbar).

Welche Probleme verbergen sich hinter dem Ausdruck „Richterrecht"?

§ 2 ABGB sieht vor, dass sich niemand damit entschuldigen kann, ordnungsgemäß kundgemachte gesetzliche Vorschriften nicht gekannt zu haben. Daraus folgt zunächst einmal, dass solche Vorschriften für jedermann wirksam und verbindlich sind.

Davon zu unterscheiden ist die Frage, ob bzw wann jemandem die Unkenntnis als Verschulden vorgeworfen werden kann, was vor allem im Bereich des Schadenersatzrechts von Bedeutung ist. Es ist klar, dass niemand alle Gesetze im Detail kennen kann. Der Maßstab für das, was man aufgrund seiner Tätigkeit wissen muss, ist allerdings sehr streng.

Bsp: Auch jemand, der bloß auf der Durchreise durch Österreich ist, muss sich mit den österreichischen Straßenverkehrsvorschriften vertraut machen; Unkenntnis wird daher als fahrlässig angesehen.

Wie geht das österreichische Recht mit der Rechtsunkenntnis einer Person um?

Bei der formellen Derogation wird eine Gesetzesnorm durch ein späteres Gesetz aufgehoben, das die Außerkraftsetzung ausdrücklich anordnet.

Bei der materiellen Derogation erfolgt eine derartige (ausdrückliche) Aufhebung nicht. Es wird aber eine neue Regelung in Kraft gesetzt, die der früheren widerspricht, weshalb die ältere verdrängt wird.

Bsp: In § 943 ABGB ist seit 1. 1. 1812 bis heute davon die Rede, dass der Schenkungsvertrag ohne wirkliche Übergabe des Geschenks einer schriftlichen Urkunde bedarf. Das Notariatsaktsgesetz (§ 1 Abs 1 lit d NotAktsG) verlangt für diesen Fall aber schon seit 1871 (!) einen förmlichen Notariatsakt. Daher ist seit damals die Schenkung durch einfach-schriftlichen Vertrag entgegen § 943 Satz 2 ABGB formunwirksam und damit ungültig.

Was versteht man unter formeller, was unter materieller Derogation?

→ **Strenge Inhaltskontrolle**

(s insb §§ 864a, 879 Abs 3 ABGB, § 6 KSchG)

→ **Umfangreiche (vorvertragliche) Informationspflichten des Unternehmers**

(s etwa § 5a KSchG, §§ 4 ff FAGG, § 6 VKrG)

→ **Freie Rücktrittsrechte des Verbrauchers**

(s etwa §§ 3, 3a KSchG, § 11 FAGG, § 12 VKrG)

→ **Kollektive Rechtsbehelfe, insb die Verbandsklage**

(§§ 28 ff KSchG)

Was sind die wichtigsten Instrumente, die der Gesetzgeber zum Schutz der Verbraucher bereithält?

Die genannte Vorschrift gehört zum relativ zwingenden Recht. Das bedeutet, dass vertragliche Abweichungen zugunsten des Verbrauchers wirksam, solche zu seinen Lasten hingegen unwirksam sind.

Diese Unwirksamkeit führt nicht zur Ungültigkeit des gesamten Vertrages, sondern bloß zum Wegfall des betroffenen Vertragsbestandteils (der „Vertragsklausel"). Man spricht daher von Teilnichtigkeit. Sie tritt grundsätzlich von selbst (ipso iure) ein; insbesondere bedarf es keiner Anfechtungserklärung innerhalb bestimmter Frist.

An die Stelle der weggefallenen Vertragsklausel tritt, sofern vorhanden, die Regelung des dispositiven Rechts.

Bsp: Wird die dem Verbraucher zur Verfügung stehende Gewährleistungsfrist entgegen § 9 KSchG auf 6 Monate beschränkt, greift § 933 ABGB ein. Die Frist beträgt daher zwei Jahre.

Was folgt aus der Vorschrift des § 2 Abs 2 KSchG, wonach Vereinbarungen unwirksam sind, soweit in ihnen zum Nachteil des Verbrauchers von (bestimmten) Regeln des KSchG abgewichen wird?

Das umfangreiche 1. Hauptstück des KSchG (§§ 1–27i) gilt nach § 1 Abs 1 für Rechtsgeschäfte zwischen einem Unternehmer und einem Nichtunternehmer (= Verbraucher bzw Konsument). Unternehmer ist, wer ein Unternehmen, also eine auf Dauer angelegte Organisation selbständiger wirtschaftlicher Tätigkeit, betreibt (§ 1 Abs 2). Wer Geschäfte zur Vorbereitung einer solchen Tätigkeit schließt (zB Miete eines Geschäftslokals), ist noch als Verbraucher zu behandeln (§ 1 Abs 3).

Unter welchen Voraussetzungen gelangen die meisten Normen des KSchG zur Anwendung?

1. **Konsumentenschutzgesetz (KSchG), Mietrechtsgesetz (MRG), Wohnungseigentumsgesetz (WEG), Verbraucherkreditgesetz (VKrG), Verbrauchergewährleistungsgesetz (VGG), Fern- und Auswärtsgeschäfte-Gesetz (FAGG), Produkthaftungsgesetz (PHG), Ehegesetz (EheG), Eisenbahn- und Kraftfahrzeug-Haftpflichtgesetz (EKHG) usw.**

2. **Regelmäßig gehen die Anordnungen solcher Gesetze als die spezielleren Regeln jenen des ABGB vor (Grundsatz des Vorrangs wegen Spezialität). Gelegentlich ist aber auch Konkurrenz, also ein Nebeneinander, denkbar.**

   Bsp: Neben der verschuldensunabhängigen Haftung nach dem PHG kommt auch die verschuldensabhängige Schadenersatzhaftung nach dem ABGB in Betracht.

1. Nennen Sie wichtige zivilrechtliche „Nebengesetze".

2. In welchem Verhältnis stehen sie zum ABGB?

Damit ist das Schuldrecht gemeint, also die (relative) Rechtsbeziehung zwischen (meist bloß) zwei Personen, wie sie etwa aus einem Vertrag resultiert. Demgegenüber wirken dingliche Rechte (Sachenrechte ieS) absolut, dh gegenüber jedermann. Wichtigstes Beispiel dafür ist das Eigentumsrecht.

Ein großer Abschnitt des ABGB (§§ 859–1341) trägt die Überschrift „Von dem persönlichen Sachenrechte". Was ist damit gemeint?

1. Allgemeines bürgerliches Gesetzbuch.
2. Am 1. 1. 1812.
3. Nach dem altertümlichen dreistufigen Institutionensystem (Einleitung, Personenrecht, Sachenrecht, gemeinsame Bestimmungen). Heutzutage – und so auch in den Lehrbüchern zum österreichischen Zivilrecht – ist das fünfteilige Pandektensystem üblich (Allgemeiner Teil, Schuldrecht, Sachenrecht, Familienrecht, Erbrecht).

1. Was bedeutet die Abkürzung „ABGB"?

2. Wann ist dieses privatrechtliche Zentralgesetz in Kraft getreten?

3. Wie ist es aufgebaut?

1. Das Privatrecht ist vom Grundsatz der Gleichrangigkeit der beteiligten Rechtssubjekte geprägt, während im öffentlichen Recht ein Rechtsträger mit Hoheitsgewalt auftritt (zB durch Ausstellung eines Bescheids), also ein Unterordnungsverhältnis des Einzelnen unter die „Staatsgewalt" (Bund, Länder, Gemeinden) besteht.

2. Im Beispiel tritt die Gemeinde dem Verkäufer gleichrangig entgegen (Privatwirtschaftsverwaltung). Der Kaufvertrag unterliegt den Regeln des Privatrechts.

Wodurch unterscheidet sich das Privatrecht vom öffentlichen Recht?

Bsp: Welchen Regeln unterliegt der Kauf von Kopierpapier durch eine Gemeinde für den Amtsgebrauch?

WEG	Wohnungseigentumsgesetz
WG	Wechselgesetz
WucherG	Wuchergesetz
Z	Ziffer, Zahl
zB	zum Beispiel
ZPO	Zivilprozessordnung
zT	zum Teil

SVG	Signatur- und Vertrauensdienstegesetz
TEG	Todeserklärungsgesetz
uä	und Ähnliche(s)
UGB	Unternehmensgesetzbuch
UrhG	Urheberrechtsgesetz
usw	und so weiter
uU	unter Umständen
VersVG	Versicherungsvertragsgesetz
VGG	Verbrauchergewährleistungsgesetz
vgl	vergleiche
VKrG	Verbraucherkreditgesetz

MedG	Mediengesetz
MRG	Mietrechtsgesetz
NO	Notariatsordnung
NotAktsG	Notariaktsaktsgesetz
oÄ	oder Ähnliche(s)
OGH	Oberster Gerichtshof
ÖZVV	Österreichisches Zentrales Vertretungsverzeichnis
PHG	Produkthaftungsgesetz
s	siehe
sog	sogenannte, -r, -s
StGB	Strafgesetzbuch

hA	herrschende Ansicht
HS	Halbsatz
idR	in der Regel
idS	in diesem Sinn
ieS	im engeren Sinn
insb	insbesondere
iS	im Sinne
iVm	in Verbindung mit
iwS	im weiteren Sinn
KSchG	Konsumentenschutzgesetz
leg cit	legis citatae (des zitierten Gesetzes)
lit	litera (Buchstabe)

dh	das heißt
DSG	Datenschutzgesetz
ECG	E-Commerce-Gesetz
EheG	Ehegesetz
EKHG	Eisenbahn- und Kraftfahrzeughaftpflichtgesetz
EPG	Eingetragene Partnerschaft-Gesetz
f	und der (die) folgende(n)
FAGG	Fern- und Auswärtsgeschäfte-Gesetz
ff	und die folgenden
GBG	Allgemeines Grundbuchsgesetz
GmbH	Gesellschaft mit beschränkter Haftung

Abkürzungsverzeichnis

ABGB	Allgemeines bürgerliches Gesetzbuch
Abs	Absatz
aE	am Ende
AG	Aktiengesellschaft
AGB	Allgemeine Geschäftsbedingungen
AktG	Aktiengesetz
Art	Artikel
AußStrG	Außerstreitgesetz
BR AT	Bürgerliches Recht Allgemeiner Teil
BWG	Bankwesengesetz
bzw	beziehungsweise
cic	culpa in contrahendo

der Kartenrückseite vor. Auf diese Weise merkt man sich Wichtiges dann sogar besonders gut, wenn bei der Beantwortung Fehler passiert sind.

Von der Idee sehr knapper Antworten bin ich rasch abgekommen, um den Lerneffekt durch Begründungen (einschließlich der passenden Paragrafen, die selbstverständlich nicht genau gewusst werden müssen) und anschauliche Beispiele zu erhöhen. Die Kartengröße stellt ohnehin eine natürliche Umfangsbegrenzung dar.

Alle Fragen und Antworten habe ich selbst konzipiert und formuliert. Bei der Überarbeitung, die wegen ausverkaufter Vorauflage nötig war, haben mich meine Mitarbeiterinnen Univ.-Ass. Mag. *Elisabeth Kaban* und Stud.-Ass. *Jasmin Bergler* unterstützt, wofür ich herzlich danke.

Den Benutzerinnen und Benutzern wünsche ich Freude und – vor allem – Erfolg mit dieser Form der Wissensüberprüfung. Für Rückmeldungen aller Art (unter der E-Mail-Adresse peter.bydlinski@uni-graz.at) bin ich dankbar.

Graz, im Jänner 2023 *Peter Bydlinski*

Vorwort

Studierende, vor allem wenn sie am Anfang ihres Studiums stehen, haben nach der – meist mehrmaligen – Lektüre eines Lehrbuchs häufig das Gefühl, sich Vieles gemerkt und das Meiste auch verstanden zu haben. Ob das tatsächlich stimmt, stellt sich aber erst heraus, wenn man auf konkrete Fragen präzise antworten muss. Es wäre allerdings wenig erfreulich, erstmals bei der Prüfung festzustellen, dass man sich geirrt hat. Genau hier setzt der „Wissens-Check" an: Er bietet die jederzeit verfügbare Möglichkeit, durch Frage und Antwort zu überprüfen, wie es einerseits um das nötige Basiswissen und andererseits um das Verständnis grundsätzlicher Probleme des Zivilrechts steht.

Die Karten, die in ihrem Aufbau meinem Lehrbuch zum Allgemeinen Teil (9. Aufl 2021) folgen, sollten erst nach einer intensiven Lernphase benützt werden. Ihre Verwendung ist ja primär als Überprüfung des bereits erworbenen Wissens gedacht. Ideal ist ein „Frage-und-Antwort-Spiel" in ganz kleinen Gruppen von zwei bis maximal vier Personen: Erst antwortet eine, dann ergänzen andere, was sie dazu noch wissen, und schließlich liest jemand die „perfekte" Antwort von

www.verlagoesterreich.at
Gedruckt in Ungarn

ISBN 978-3-7046-9115-6 2. Aufl Verlag Österreich

Peter Bydlinski

Wissens-Check

Bürgerliches Recht Allgemeiner Teil

2. Auflage

VERLAG
ÖSTERREICH

Die Kriterien sind jenen der Vertragsstrafe sehr ähnlich; insbesondere geht es um einen Vergleich mit dem Nachteil, den der Partner aufgrund der Stornierung tatsächlich erlitten hat. Allerdings kann sich der Partner auch Unannehmlichkeiten abgelten lassen; überdies ist zu berücksichtigen, dass die „Stornogebühr" Entgelt für ein ansonsten nicht bestehendes Rücktrittsrecht ist.

Im Grundsatz sind sehr hohe Stornogebühren einer Sittenwidrigkeitsprüfung am Maßstab des § 879 Abs 3 ABGB zu unterziehen („unter Berücksichtigung aller Umstände gröblich benachteiligend"). Für das Verbrauchergeschäft ist eine Parallele zur Mäßigung einer überhöhten Vertragsstrafe ausdrücklich – und zwingend – vorgesehen (§ 7 KSchG).

Wie lässt sich feststellen ob eine Stornogebühr überhöht ist, und was wären die Folgen einer solchen Feststellung?

Wird eine „Stornogebühr" vereinbart, erhält ein Vertragsteil das Recht, sich gegen Bezahlung der vereinbarten Summe einseitig vom Vertrag zu lösen. Das ABGB spricht von „Reugeld" (§ 909). Ein solches Stornorecht kann unterschiedlich ausgestaltet sein; zB müssen bestimmte Stornogründe vorliegen oder werden die Beträge/Prozentsätze zeitlich gestaffelt.

Bsp: Storno nur im Krankheits- oder Todesfall; bei Stornierung bis drei Monate vor der geplanten Vertragsdurchführung (zB Reise) Zahlung von 25 % des vereinbarten Preises, danach 50 %, in den letzten zwei Wochen 100 % bzw kein Storno mehr möglich.

Was verbirgt sich hinter der Vereinbarung einer „Stornogebühr"?

Während es außerhalb des Verbraucherrechts keine konkreten gesetzlichen Grenzen für Terminsverlustvereinbarungen gibt, enthält § 14 Abs 3 VKrG zugunsten von Verbrauchern strenge Voraussetzungen:

- Terminsverlustklausel im Vertrag
- vollständige Leistung durch den Unternehmer (Eigentumsvorbehalt schadet nicht)
- mindestens sechswöchiger Verzug mit einer Teilleistung (eine Rate genügt)
- Verstreichen einer mindestens zweiwöchigen Nachfrist nach mittels Mahnung angedrohtem Terminsverlust (wobei diese Androhung schon in den ersten 6 Wochen des Verzugs möglich ist)

Spielt es eine Rolle, ob ein Terminsverlust zulasten eines Verbrauchers oder eines Unternehmers vereinbart wurde?

VERLAG
ÖSTERREICH

P. Bydlinski

Terminsverlust bedeutet, dass ein Schuldner seine noch offenen Zahlungspflichten auf einmal erfüllen muss, obwohl eigentlich nur Teilzahlungen zu bestimmten Zeitpunkten vereinbart waren. Konkrete Regelungen dieses Rechtsinstituts finden sich (nur) in § 14 Abs 3 VKrG.

Bsp: Rückzahlung eines Kredits auf Raten; Zahlung des Kaufpreises in Raten

Was bedeutet Terminsverlust?

VERLAG ÖSTERREICH

P. Bydlinski

Selbstverständlich geht es um kein subjektives Recht des für den konkreten Streitfall zuständigen Richters, das dieser womöglich nach Gutdünken ausüben könnte (oder auch nicht). Vielmehr ergibt sich bereits aus der Textierung des § 1336 Abs 2 ABGB, dass bei übermäßiger Höhe zu mäßigen ist und dass dafür uU ein Sachverständiger beigezogen werden muss, der den (tatsächlich eingetretenen und/oder erwartbaren) Schaden des Berechtigten feststellen soll. In der Sache handelt es sich also durchaus um ein Recht des Verpflichteten selbst! Die in der Frage zitierte Redeweise sollte daher besser vermieden werden.

S auch die Mäßigungsmöglichkeit nach § 25d KSchG

Im Zusammenhang mit der Vertragsstrafe wird häufig von einem „richterlichen Mäßigungsrecht" gesprochen. Was ist damit gemeint?

Grundsätzlich ist der vereinbarte Betrag von Gesetzes wegen als pauschalierter Mindestersatz anzusehen, so dass darüber hinaus gehende Schäden nach allgemeinen Grundsätzen zu ersetzen sind. Eine Einschränkung besteht nur für von Verbrauchern versprochene Konventionalstrafen. In diesem Fall müsste die Pflicht, über den vereinbarten Betrag hinausgehende Schäden zu ersetzen, eigens ausgehandelt worden sein (§ 1336 Abs 3 ABGB).

Kann der Ersatz eines über die Vertragsstrafe hinausgehenden Schadens verlangt werden?

VERLAG
ÖSTERREICH

P. Bydlinski

Da dem aus der Vertragsstrafe Berechtigten der Beweis seines konkreten Schadens abgenommen werden soll, ist der vereinbarte Betrag an sich unabhängig von der wirklichen Schadenshöhe zu bezahlen. Kann der Verpflichtete jedoch nachweisen, dass der tatsächlich eingetretene Schaden deutlich geringer und die versprochene Summe daher „übermäßig" ist, kommt im Streitfall eine Reduzierung dieses Betrages durch das Gericht in Betracht (§ 1336 Abs 2 ABGB).

Auch wenn § 1336 ABGB dazu nichts sagt, wird aus allgemeinen Grundsätzen geschlossen, dass die Vertragsstrafe nur bei verschuldeter Vertragsverletzung zu bezahlen ist. Zumindest im Unternehmerbereich könnte aber auch eine Zahlungspflicht unabhängig vom Verschulden vereinbart werden.

Kann die vereinbarte Vertragsstrafe grundsätzlich auch dann verlangt werden, wenn der konkrete Schaden geringer ist oder wenn den die „Strafe" Versprechenden kein Verschulden trifft?

Das ABGB verwendet in § 1336 einerseits den wenig geläufigen Ausdruck „Vergütungsbetrag“, andererseits das modernere Wort „Konventionalstrafe“.

Mit welchen Begriffen erfasst das ABGB die „Vertragsstrafe“ und wo ist sie geregelt?

Es geht um eine vertragliche Vereinbarung, in der ein Vertragsteil dem anderen für den Fall seiner nicht korrekten Erfüllung des Versprochenen neben der Vertragsleistung eine weitere Leistung, häufig einen Geldbetrag, verspricht (§ 1336 Abs 1 ABGB).

Der Zweck einer solchen Vertragsstrafenabrede ist ein doppelter: Zum einen soll die angedrohte zusätzliche Leistungspflicht zu korrekter Vertragserfüllung animieren. Zum anderen soll der Gläubiger von der Notwendigkeit entbunden werden, jenen Schaden präzise nachzuweisen, den er gerade durch die fehlerhafte Erfüllung des anderen Teils erlitten hat.

Bsp: 1.000 € Pönale pro Tag Verzug mit der Fertigstellung des geschuldeten Bauwerks; 12 % Verzugszinsen bei verspäteter Zahlung

Was bedeutet „Vertragsstrafe“ und welchen Zweck verfolgt sie?

1. **Ein Vorvertrag ist die Vereinbarung, in Zukunft (zu einem vorweg bestimmten Termin) einen Hauptvertrag zu schließen (§ 936 ABGB: „schließen zu wollen").**

2. **Praktische Bedeutung hat der Vorvertrag eigentlich nur in jenen seltenen Fällen, in denen der Hauptvertrag ein Realvertrag ist (so bei Leihe und Verwahrung). Ansonsten könnte ja ohne Weiteres bereits ein (uU bedingter) Hauptvertrag abgeschlossen werden.**

3. **Die wichtigsten zwei Unterschiede (näher dazu in § 936 ABGB):**

- auf Erfüllung des Vorvertrages (= Abschluss des Hauptvertrages) kann nur innerhalb eines Jahres ab dem vereinbarten Abschlusstermin geklagt werden
- bei massiven Umstandsänderungen darf der Abschluss des Hauptvertrages verweigert werden

1. **Was ist ein Vorvertrag?**
2. **Wann ist er von praktischer Bedeutung?**
3. **Was sind die wesentlichen Unterschiede zwischen Vorvertrag und Hauptvertrag?**

1. Dass Menschen einmal sterben, ist unvermeidlich, der Eintritt dieses Umstandes ist also sicher. Somit liegt eine bloße Befristung des Vertrages vor, wobei der Endzeitpunkt allerdings nicht kalendermäßig fixiert ist.

2. Damit ist auch schon der wichtigste Unterschied im Tatbestand angesprochen: Für die Bedingung ist die Unsicherheit des „ob" charakteristisch. Im Mietvertragsfall wurde hingegen nur das genaue „wann" offengelassen. Was die Rechtsfolgen betrifft, so ist der befristete Vertrag zunächst sofort voll wirksam. Mit dem Tod des ersten Vertragsteils fällt er ex nunc zur Gänze weg, was im Ergebnis dem Eintritt einer auflösenden Bedingung entspricht.

1. Ist ein Mietvertrag (auflösend) bedingt oder befristet abgeschlossen, wenn er so lange gelten soll, bis einer der Vertragspartner stirbt?

2. Was ist der wesentliche Unterschied in den Rechtsfolgen zwischen Bedingung und Befristung?

Die Parteien haben sich zwar schon unbedingt geeinigt, dem Vertrag fehlt aber noch eine weitere gesetzliche Voraussetzung. In dieser Phase trifft jeden Vertragsteil die Pflicht, so gut wie möglich zum positiven Ausgang des Genehmigungsverfahrens beizutragen und alles zu unterlassen, was die Genehmigung gefährden könnte. Auch hat der Verkäufer die Kaufsache wie jeder sonstige Verkäufer sorgfältig zu behandeln (vgl § 1061 ABGB).

Zwei Personen haben einen Kaufvertrag über ein Grundstück geschlossen, der noch von der Grundverkehrsbehörde genehmigt werden muss. Wie ist die Rechtslage in dem Zeitraum, in dem die Parteien auf die Entscheidung der Behörde warten?

1. **Der Vertrag, der zunächst als bedingter vorhanden war und die Parteien vorläufig gebunden hat, fällt weg. Er löst damit keinerlei Rechte und Pflichten mehr aus.**

   Bsp: Vor Bedingungseintritt durfte der Verkäufer über die Kaufsache nicht anderweitig disponieren; vielmehr musste er sich erfüllungsbereit halten. Danach ist er wieder vollkommen frei.

2. **Welche Art vereinbart wurde, ist durch Auslegung zu klären. Gelegentlich hilft schon der Wortlaut; aber auch auf die Begleitumstände ist zu achten.**

   Bsp: Wurde das Geschenk bereits übergeben, so ist die dem Schenkungsvertrag beigefügte Bedingung im Zweifel als auflösende zu verstehen.

1. **Was sind die Folgen des Eintritts einer auflösenden Bedingung?**
2. **Wie unterscheidet man diese Art von der aufschiebenden Bedingung?**

Eine Bedingung bezieht sich auf ein für die Vertragsparteien ungewisses, meist zukünftiges Ereignis (§ 696 ABGB). Sein Eintritt oder Nichteintritt soll nach dem Parteiwillen über das Aufrechtbleiben oder den Wegfall des Vertrages entscheiden.

Folgende Arten sind von Bedeutung:

- aufschiebende und auflösende Bedingungen
- Zufallsbedingungen und (auch) vom Willen eines Vertragsteils abhängige Bedingungen („Potestativbedingungen")
- „Rechtsbedingungen" (keine Bedingungen ieS, sondern sonstige Wirksamkeitsbedingungen eines Rechtsgeschäfts)

Bsp: grundverkehrsbehördliche Genehmigung

Verträge werden gelegentlich bloß bedingt abgeschlossen. Wann spricht man von einer Bedingung und welche Arten gibt es?

Der allgemeine – für sich allein wenig überzeugende – Grund liegt darin, dem schwächeren Vertragsteil nach Abgabe seiner Vertragserklärung die Möglichkeit zum „Umentscheiden" zu geben.

Ansonsten unterscheidet man auf die Abschlusssituation bezogene Rücktrittsrechte von solchen, die vertragsinhaltsbezogen sind: So liegt beim „Haustürgeschäft" des § 3 KSchG eine typisierte Überrumpelungssituation vor, während es etwa beim Kreditvertrag um eine für den Verbraucher inhaltlich wichtige Entscheidung geht, die daher revisibel sein soll.

Die Rücktrittsrechte schwächen den Vertragstreuegrundsatz deutlich ab und sind daher rechtspolitisch zT durchaus umstritten; vor allem wenn vor Vertragsschluss intensiv informiert wurde (wie etwa nach § 6 VKrG).

Was sind die Gründe für solche Verbraucher-Rücktrittsrechte und wie verhalten sie sich zum Grundsatz der Vertragstreue?

Ohne Anspruch auf Vollständigkeit: §§ 3, 3a, 30a KSchG, §§ 10 ff FAGG, § 12 VKrG.

Regelmäßig sind folgende Voraussetzungen nötig:

- → **formlose Erklärung des Rücktritts**
- → **Zugang dieser Erklärung beim Partner (= Unternehmer)**
- → **Einhaltung der (meist 14-tägigen) Rücktrittsfrist**

  (wobei Absenden innerhalb der Frist genügt; zum Fristbeginn s etwa § 11 Abs 2 FAGG)
- → **bei fehlerhafter Information über das Rücktrittsrecht gelten längere Fristen**

  (s § 12 FAGG: + 12 Monate)

Im Verbraucherrecht finden sich viele „freie" Rücktrittsrechte. Wo sind solche Rechte konkret geregelt und was ist nötig, damit ein solcher Rücktritt die Bindung des Verbrauchers beendet?

Der Grundsatz lautet, dass wirksam befristete Verträge vor Ablauf der Zeit von einem Vertragsteil allein nicht aufgelöst werden können (Grundsatz der Vertragstreue).

Eine erste (allgemeine) Ausnahme gilt bei Vorliegen sog wichtiger Gründe: Vor allem dann, wenn die Aufrechterhaltung des Vertrages einem Teil aus Gründen, die aus der Sphäre des Partners stammen, nicht mehr zumutbar ist, steht das Recht zur fristlosen (außerordentlichen) Kündigung zu.

Bsp: Entlassung wegen Diebstahls, Kündigung wegen Nichtzahlung des Mietzinses

Gelegentlich gibt es Sonderregeln, die einen „freien" vorzeitigen Ausstieg ermöglichen (s etwa § 29 Abs 2 MRG).

Was ist der Grundsatz, was die Ausnahme für die einseitige vorzeitige Auflösung befristeter Dauerschuldverhältnisse?

Ein Vertrag zwischen Geschäftsherrn und Drittem ist mangels ausreichender Vollmacht nicht zustande gekommen.

Auch ein Vertrag mit dem Vertreter ist nicht zustande gekommen, da dieser nicht im eigenen Namen aufgetreten ist.

Hat der Dritte bereits geleistet, kann er diese rechtsgrundlos (und irrtümlich) erbrachte Leistung nach § 1431 ABGB zurückfordern.

Sind ihm darüber hinaus im Vertrauen auf die Vertragsgültigkeit Schäden entstanden, kann er diese vom „Scheinvertreter" ersetzt verlangen (§ 1019 ABGB).

Hat der Geschäftsherr den Scheinvertreter mit Geschäftskontakten betraut, so haftet er für dessen Fehlverhalten nach § 1313a ABGB mit (Haftung für den Erfüllungsgehilfen).

Welche Folgen hat das Auftreten als Stellvertreter, wenn für das konkrete Geschäft keine ausreichende Vollmacht vorhanden war?

Bsp: A hat von B Einkaufsvollmacht bis zu 5.000 € erhalten, kauft nun aber bei C im Namen von B eine Sache im Wert von 5.200 €.

Ja. Da der Dritte den Vertrag wollte, spricht nichts dagegen, dass der zunächst unwirksam Vertretene nachträglich seine Zustimmung erteilt. Sie führt zur rückwirkenden Heilung des Vollmachtmangels.

Die Genehmigung kann nach § 1016 ABGB auf zwei Arten erteilt werden: Regelmäßig durch Abgabe eine entsprechenden Erklärung (meist gegenüber dem Dritten, uU aber auch bloß gegenüber der als Vertreter aufgetretenen Person); in besonderen Fällen aber auch bloß durch Zuwendung des aus dem Geschäft Erlangten, verbunden mit dem Willen, das Geschäft zu genehmigen (Heilung durch Willensbetätigung).

Bsp: Der zunächst unwirksam Vertretene verfügt über die in seinem Namen eingekaufte Ware, wobei er weiß, dass sie ohne wirksamen Vertrag zu ihm gelangt ist und er diesen Vertragsschluss zugleich genehmigen will.

Kann der Geschäftsherr einen Vertrag nachträglich retten, den jemand in seinem Namen, aber ohne ausreichende Vollmacht (und damit unwirksam) geschlossen hat?

Bei der Vollmachtüberschreitung ist das Außenverhältnis zum Dritten betroffen: Es wird ein Rechtsgeschäft abgeschlossen, das von der Vollmacht nicht gedeckt und daher unwirksam ist.

Der Vollmachtmissbrauch bezieht sich auf das Innenverhältnis: Der Bevollmächtigte (zB ein Prokurist) macht von seiner Vertretungsmacht Gebrauch, obwohl ihm das konkrete Rechtsgeschäft intern verboten ist. Da das Innenverhältnis den Dritten grundsätzlich nichts angeht, hat ein solcher Missbrauch keinen Einfluss auf die Wirksamkeit des abgeschlossenen Vertrages. Eine Ausnahme ist jedoch für jene Fälle anerkannt, in denen der Dritte von den internen Beschränkungen Kenntnis hat, da ihm dann die Schutzwürdigkeit fehlt.

Welche Unterschiede in Tatbestand und Rechtsfolgen bestehen zwischen Vollmachtüberschreitung und Vollmachtmissbrauch?

Die folgenden Voraussetzungen wirksamer Vertretung sind unverzichtbares Basiswissen:

- → **Abgabe einer eigenen (= selbst „konzipierten") Willenserklärung**
  (keine bloße Botenschaft)
- → **ausreichende Vertretungsmacht**
- → **zumindest beschränkte Geschäftsfähigkeit des Handelnden**
- → **die Offenlegung des Handelns für jemand anderen**
- → **ein einer Vertretung zugängliches („vertretungstaugliches") Rechtsgeschäft**
  (nicht zB Testament)

Welche Voraussetzungen müssen gegeben sein, damit die von einer Person abgegebene Erklärung unmittelbar für und gegen eine andere Person wirkt?

Die Prokura kann nur von einem im Firmenbuch eingetragenen Unternehmer erteilt werden (§ 48 Abs 1 UGB).

Die Prokura wird im Firmenbuch eingetragen (§ 53 UGB).

Diese Form der Vertretungsmacht hat einen sehr weiten, gesetzlich umschriebenen und nicht zur Disposition stehenden (also zwingenden) Umfang (§§ 49 f UGB).

Einschränkungen sind nur auf zwei Arten möglich: Gesamtprokura (§ 48 Abs 2 UGB) und sog Filialprokura (§ 50 Abs 3 UGB).

Wodurch unterscheidet sich die Prokura von einer gewöhnlichen rechtsgeschäftlich eingeräumten Vollmacht?

Von einem Insichgeschäft wird gesprochen, wenn bloß eine einzige Person am Vertragsschluss beteiligt ist: Jemand schließt einen Vertrag, bei dem er in eigener Person als Käufer und zugleich als Vertreter des Verkäufers auftritt (Selbstkontrahieren). Denkbar ist überdies, dass er beide Vertragspartner vertritt (Doppelvertretung).

S dazu etwa § 277 Abs 2 ABGB

Aufgrund des typischen und offensichtlichen Interessenkonflikts sind Insichgeschäfte regelmäßig unwirksam. Anderes gilt nur dann, wenn der Vollmachtgeber ein solches Vorgehen ausdrücklich gestattet hat oder ausnahmsweise schon abstrakt keine Benachteiligung des (bzw eines) Vertretenen droht.

Bsp: Kauf von Wertpapieren zum aktuellen Börsenpreis; Schenkung des Stellvertreters an den Vertretenen

Was ist ein „Insichgeschäft" und wann ist es wirksam?

In der Regel nein, da sich der Vollmachtgeber seinen Stellvertreter individuell ausgesucht hat und nicht jeden „Ersatz“ akzeptieren will.

Ausnahmen sind nur in engen Grenzen vorgesehen. Hat der Vollmachtgeber den Einsatz eines „Ersatzvertreters“ nicht gesondert erlaubt, ist die Weitergabe (in Form einer Unter- oder Ersatzbevollmächtigung) dann gestattet, wenn sie aufgrund der gegebenen Umstände unvermeidlich ist (§ 1010 Satz 2 ABGB). Einem Prokuristen ist die Erteilung von Handlungsvollmachten im Namen des Unternehmers erlaubt (s die weite Formulierung des § 49 UGB).

Kann der Bevollmächtigte seine Vertretungsmacht ohne Zustimmung des Vollmachtgebers an eine andere Person weitergeben?

1. Um den Vollmachtgeber vor zu weit reichenden Bevollmächtigungen zu schützen, die dem Vertreter auch den Abschluss nachteiliger oder besonders riskanter Geschäfte ermöglichen, sieht § 1008 ABGB einige Einschränkungen vor. Bestimmte Geschäfte (wie zB Kreditverträge) bedürfen einer Vollmacht, in der diese Geschäfte eigens genannt sind (Gattungsvollmacht), andere (wie die Ausschlagung einer Erbschaft) sogar einer Einzelvollmacht. Gelegentlich existieren auch Formgebote (s § 30 Abs 1 ZPO für die Prozessvollmacht oder § 262 ABGB für die Vorsorgevollmacht).

2. Selbst schützen kann er sich zum einen durch eine konkrete Vollmacht mit klar umschriebenen Vertretungsbereichen, zum anderen durch Einräumung bloßer Gesamtvertretung (Vier-Augen-Prinzip).

1. Welche gesetzlichen Einschränkungen gibt es, damit sich ein Vollmachtgeber nicht mittels allumfassender Vollmacht ganz in die Hände des Bevollmächtigten begibt?

2. Wie kann sich der Vollmachtgeber selbst schützen?

Ja, ausnahmsweise. Auch hier wirkt der Rechtsscheingedanke zugunsten desjenigen, der auf den Weiterbestand der Vollmacht vertrauen durfte (§ 1026 ABGB). Besonders intensiv ist der Schutz des Dritten dann, wenn die Vollmacht trotz internen Widerrufs weiterhin in einem öffentlichen Register steht.

Bsp: Der Unternehmer hat die Prokura widerrufen, ihre Löschung im Firmenbuch ist aber noch nicht erfolgt (vgl § 15 Abs 1 UGB).

Kann eine bereits erloschene Vollmacht noch Wirkungen entfalten?

Eine taxative Aufzählung ist hier nicht möglich. Folgende Beendigungsgründe sind von größerer Bedeutung:

- Zweckerreichung (zB einmaliges Geschäft ist erledigt)
- Widerruf durch den Vollmachtgeber (grundsätzlich jederzeit möglich, wird mit Zugang wirksam)
- Tod des Bevollmächtigten
- Tod des Vollmachtgebers (aber nur „in der Regel"; s § 1022 ABGB)
- Eröffnung eines Insolvenzverfahrens über das Vermögen des Vollmachtgebers oder des Bevollmächtigten (§ 1024 ABGB)

Wodurch erlischt eine rechtsgeschäftlich erteilte Vollmacht?

Sie erlangt dann Bedeutung, wenn sich der Dritte auf wirksames Handeln in fremdem Namen berufen möchte, aber den Beweis für eine (ausreichende) rechtsgeschäftliche Bevollmächtigung nicht führen kann.

Folgende Voraussetzungen müssen kumulativ vorliegen:

- Bestehen eines konkreten Rechtsscheins
- zurechenbare Verursachung dieses Anscheins durch den Geschäftsherrn (also den, der im Ergebnis wie ein Vollmachtgeber behandelt wird)
- Handeln des Dritten (insb Erklärung zum Vertragsschluss) im gutgläubigen Vertrauen auf diesen Anschein

Wann ist die Rechtsscheinvollmacht von Bedeutung und was sind ihre Voraussetzungen?

Die rechtsgeschäftliche Bevollmächtigung setzt eine von einem entsprechenden Willen getragene Erklärung, hiermit Vertretungsmacht einzuräumen, voraus. Daran fehlt es bei der Rechtsscheinvollmacht. Es muss aber eine dem Geschäftsherrn zurechenbare Situation vorliegen, woraus der Dritte auf eine Bevollmächtigung schließen darf. Unter dieser Voraussetzung treten die gleichen Wirkungen wie bei rechtsgeschäftlicher Bevollmächtigung ein.

Bsp: Anstellung einer Verkäuferin im Geschäft (vgl § 1030 ABGB); Betrauung mit einer Verwaltung (§ 1029 Abs 1 ABGB).

Was ist der Unterschied zwischen einer rechtsgeschäftlich erteilten Vollmacht und einer Rechtsscheinvollmacht?

Der Vollmachtgeber muss eine Erklärung abgeben, aus der klar zu erkennen ist, wer in welchem Umfang für ihn als Stellvertreter tätig werden kann. Diese Erklärung wird üblicherweise dem Bevollmächtigten gegenüber erklärt werden (Innenbevollmächtigung); es kommt aber auch eine Erklärung gegenüber Dritten, insb Geschäftspartnern, in Betracht (Außenbevollmächtigung).

Eine Vollmacht kann nur für jene Geschäfte erteilt werden, die der Bevollmächtigte selbst abschließen könnte. Wo diese Grenzen liegen, ist bei minderjährigen und geistig beeinträchtigten Personen im Einzelfall zu prüfen.

Da der Bevollmächtigte durch sein Auftreten als Vertreter selbst nicht verpflichtet wird, muss er nicht voll geschäftsfähig sein. Trotz der weiten Formulierung des § 1018 ABGB muss aber ein Mindestmaß an Entscheidungsfähigkeit vorhanden sein, da ein eigener Wille zu bilden ist.

Welche inhaltlichen und persönlichen Voraussetzungen müssen bei der rechtsgeschäftlichen Bevollmächtigung auf Seiten des Vollmachtgebers und auf Seiten des Bevollmächtigten erfüllt sein?

1. **Durch Bevollmächtigung durch Rechtsgeschäft**

   (Zugang einer Erklärung des Vollmachtgebers reicht aus; eine Annahme ist nicht erforderlich)

2. **Durch gesetzliche Einräumung von Vertretungsmacht**

   Bsp: Vertretungsrechte miteinander verheirateter Eltern sofort mit der Geburt des Kindes (§ 177 iVm § 158 ABGB)

Wie kann jemand Vertretungsmacht, also die Rechtsmacht erhalten, für jemand anderen verbindliche rechtsgeschäftliche Erklärungen abzugeben?

Hier sind zwei Fallgruppen zu unterscheiden. Bei der ersten ist die Identität des einen Teils für den Partner ohne Bedeutung. Dann kommt der Vertrag trotz der Namenstäuschung mit dem Handelnden zustande.

Bsp: Hotelbuchung mit der Geliebten unter einem Allerweltsnamen.

Anders sieht es dann aus, wenn es dem Partner auf den Namensträger ankam, er mit dem Handelnden also nicht (so) kontrahiert hätte. Regelmäßig ist die Erklärung daher unwirksam, da der echte Namensträger dem Handeln unter seinem Namen nicht zugestimmt hat.

Bsp: Jemand gibt sich als berühmte Person aus, um günstige Vertragskonditionen zu erhalten.

Welche Grundsätze gelten für das Handeln unter fremdem Namen?

Bsp: A macht B ein Angebot, gibt sich dabei aber als C aus. B nimmt das Angebot an.

Der Stellvertreter gibt im fremden Namen rechtsgeschäftliche Erklärungen ab. Dabei bildet er – im Rahmen der ihm erteilten Vollmacht – regelmäßig selbst einen konkreten Willen, der dann seiner Erklärung zugrunde liegt (zB Auswahl unter mehreren in Frage kommenden Sachen, Angebot eines konkreten Preises).

Demgegenüber wird der Erklärungsbote nur faktisch tätig. Er überbringt bloß eine Erklärung desjenigen, der ihn eingesetzt hat, also eine fremde Erklärung. Abgrenzungsprobleme entstehen von vornherein nur bei mündlicher Botenschaft.

Bsp: Sagt A zu B, er solle ihm von C ausrichten, dass C drei Dosen Farbe kaufen wolle, tritt A als Bote von C auf. Hingegen handelt er als Stellvertreter, wenn er formuliert, die Farbe im Namen von C kaufen zu wollen.

Was ist der Unterschied zwischen einem Stellvertreter und einem (Erklärungs-)Boten?

Bei der im ABGB nicht gesondert geregelten Treuhand ist dem Treuhänder regelmäßig ein sog Treugut (Sache, Konto oä) mit absoluter Wirkung (Eigentum, alleinige Kontoberechtigung) zugewiesen. Im Außenverhältnis kann der Treuhänder also frei verfügen. Intern (Innenverhältnis) werden die Rechte des Treuhänders jedoch regelmäßig mit dem Zweck der Treuhand begrenzt. Merksatz daher: Der Treuhänder kann mehr, als er darf.

Bsp: Wird einem Kreditgeber zur Absicherung einer Rückzahlungsforderung Eigentum (und nicht bloß ein Pfandrecht) an einer Sache verschafft, so hat der Kreditgeber zwar die Rechtsmacht, über diese Sache beliebig zu verfügen. Er darf das gegenüber dem Sicherungsgeber aber jedenfalls so lange nicht tun, wie der Kredit vertragsgemäß zurückgezahlt wird (Sicherungseigentum als Fall der eigennützigen, also einer im Interesse des Treuhänders begründeten Treuhand).

Was ist eine Treuhandberechtigung und wodurch unterscheidet sie sich von der Rechtsmacht eines Bevollmächtigten?

Grundsätzlich ist die Bevollmächtigung nicht zielführend, da der Bevollmächtigte dem Verkäufer gegenüber erklären muss, dass er in fremdem Namen handelt (Offenlegungsgrundsatz). Zwar wird es als rechtlich zulässig angesehen, zunächst nur abstrakt zu erklären, für eine andere Person zu handeln, doch wird sich der Partner auf einen solchen „Vorbehalt des Vertretenen" regelmäßig nicht einlassen.

Am einfachsten ist daher die Wahl des schlichten Kaufauftrags ohne Vollmacht. Dabei lautet der Auftrag, die Sache im eigenen Namen zu kaufen und sie dann an den Auftraggeber weiterzugeben.

(Diese Variante – ohne Bevollmächtigung – ist mit dem wenig glücklichen Ausdruck „geheime Vollmacht" in § 1017 Satz 3 ABGB gemeint.)

Jemand möchte eine Sache erwerben, aber nicht offiziell als Käufer auftreten. Ist es sinnvoll, wenn er eine andere Person zum Ankauf bevollmächtigt? Was wäre der einfachste Weg?

Der Gesetzgeber regelt in den §§ 1002 ff ABGB die mit einer Beauftragung kombinierte Bevollmächtigung: Der sog Gewalthaber verpflichtet sich, ein ihm vom sog Gewaltgeber aufgetragenes Geschäft für diesen in dessen Namen zu erledigen.

Rechtlich hingegen sind Vollmacht und Auftrag präzise voneinander zu unterscheiden. Der Auftrag ist ein Vertrag, der nur das Innenverhältnis zwischen den Parteien betrifft (rechtliches Müssen). Demgegenüber erfolgt die Bevollmächtigung einseitig und löst für sich ein rechtliches Können des Bevollmächtigten im Außenverhältnis, also gegenüber Dritten, aus: Erklärungen, die der Bevollmächtigte im Namen des Vollmachtgebers abgibt, wirken wie Erklärungen des Vollmachtgebers selbst.

Die §§ 1002 ff ABGB regeln den „Bevollmächtigungsvertrag". Was ist darunter zu verstehen?

1. Stellvertretung bedeutet rechtsgeschäftliches Handeln für jemand anderen in fremdem Namen (= im Namen des Vertretenen).
2. Nein. Bloß faktisches Verhalten im Interesse eines anderen fällt nicht darunter. Erklärt sich der Nachbar zur erbetenen Leistung bereit, liegt ein Werkvertrag vor.

1. **Was bedeutet Stellvertretung?**

2. **Ist sie auch dann gegeben, wenn jemand wegen einer Verletzung seinen Nachbarn bittet, eine Pflanzgrube auszuheben?**

1. Diese Frage ist durchaus umstritten. Einvernehmen herrscht bloß darüber, dass gesondert zu prüfen ist, ob die Tatbestandsvoraussetzungen des § 934 ABGB und des § 932 ABGB (mangelhafte Leistung) zugleich erfüllt sind. Falls ja, kann der Berechtigte zwischen den Behelfen wählen.
2. Offen ist allerdings, ob für § 934 ABGB ein bei Vertragsschluss vorhandener Mangel bei der Wertberechnung mit zu berücksichtigen ist (dafür insb der OGH, gegenteilig ein Teil der Lehre).

1. In welchem Verhältnis steht das Anfechtungsrecht wegen Laesio enormis zu den Gewährleistungsrechten aufgrund mangelhafter Vertragserfüllung?

2. Insbesondere: Welche Bedeutung hat eine mangelbedingte Wertminderung?

Bsp: Kauf um 100, wobei die Sache in vertragsgemäßem Zustand (ohne Mangel) 60 wert wäre, mit dem Mangel aber nur 45 wert ist.

Grundsätzlich nein (§ 935 Halbsatz 1 ABGB).

Wirksam sind allerdings Vereinbarungen, die das Anfechtungsrecht nach § 934 ABGB zu Lasten eines Unternehmers ausschließen (§ 351 UGB).

Kann das Anfechtungsrecht wegen Laesio enormis vorweg vertraglich ausgeschlossen werden?

1. **Es geht um extrem unausgewogene entgeltliche Verträge: Ein Teil verspricht mehr als das Doppelte an Wert, als ihm als Gegenleistung zukommen soll (§ 934 ABGB).**

   Bsp: A kauft von B eine Sache um 100. Tatsächlich ist sie bloß 45 wert.

2. **Es liegt ein Wurzelmangel vor, da trotz des Wortlauts von § 934 Satz 1 ABGB („gegeben", „erhalten") auf den Vertragsabschluss abgestellt wird (s auch Satz 3 leg cit). Das Anfechtungsrecht hat sogar insofern eine Irrtumskomponente, als es (unter anderem) dann nicht zusteht, wenn der verkürzte Teil den wahren Wert kannte, weshalb also zumindest ein Wertirrtum vorliegen muss.**

1. Was bedeutet „Verkürzung über die Hälfte“ („Laesio enormis“)?

2. Gehört dieses Rechtsinstitut zu den Wurzelmängeln, womöglich gar zum Irrtumsrecht?

Da dieses Rechtsinstitut gesetzlich nur am Rande erwähnt wird (s § 6 Abs 2 Z 14 KSchG), jedoch nicht näher geregelt ist, bleibt manches unsicher. Überwiegend anerkannt sind jedoch die folgenden kumulativen Voraussetzungen: Eintritt eines Ereignisses,

- das, weil nicht erwartet, im Vertrag nicht geregelt wurde,
- das unvorhersehbar war,
- das von außen kommt (keine Zuordnung zur Sphäre eines Vertragsteils),
- das trotz fehlender Vereinbarung eine „geschäftstypische" Voraussetzung ist und
- das zu einer groben Äquivalenzstörung oder Zweckvereitelung führt.

Welche Voraussetzungen müssen erfüllt sein, um einen Vertrag unter Berufung auf den Wegfall der Geschäftsgrundlage beseitigen zu können?

Hier geht es darum, dass sich nach Vertragsschluss für die Durchführung des Vereinbarten wesentliche Umstände unerwartet verändern und für diesen Fall keine vertragliche Vorsorge getroffen wurde. Ein Irrtum ieS liegt nicht vor, da zukünftige Entwicklungen betroffen sind (keine Fehlvorstellung über Gegenwärtiges).

Bsp: Miete eines Fensterplatzes um viel Geld, um einem Ereignis beizuwohnen, das vor diesem Haus stattfinden soll, dann aber ganz unerwartet abgesagt wird.

Was bedeutet „Wegfall der Geschäftsgrundlage“?

Im Grundsatz nein, da den Vertragspartner des Irrenden oder Bedrohten das Verhalten eines Dritten nichts angeht.

Eine sachgerechte Ausnahme sieht allerdings § 875 ABGB vor: Wusste der Partner von der entsprechenden Handlung des Dritten oder hätte sie ihm bekannt sein müssen, kommt eine Anfechtung in Betracht.

Dritte iS des § 875 ABGB sind von vornherein nur „echte" Dritte, also außenstehende Personen, nicht aber zB Vertreter oder Verhandlungsgehilfen des Vertragspartners.

Kommt eine Anfechtung auch dann in Betracht, wenn ein Dritter den Willensmangel herbeigeführt hat?

Regelungen finden sich in § 1487 ABGB. Für den Irrtum ist eine Dreijahrefrist vorgesehen. Ihr Beginn ist nicht geregelt; ganz überwiegend wird auf den Vertragsschluss bzw auf den Zeitpunkt abgestellt, zu dem die irrtumsbehaftete Erklärung abgegeben wurde.

E contrario § 1487 ABGB gilt für die Arglist die lange allgemeine Verjährungsfrist des § 1478 ABGB, also 30 Jahre.

Für die Furcht (Drohung) sieht § 1487 ABGB ebenfalls eine dreijährige Frist vor. Wiederum ist der Beginn nicht geregelt. Hier beginnt die Frist anerkanntermaßen erst mit Wegfall der Zwangslage zu laufen, da für den Bedrohten eine frühere Geltendmachung unzumutbar ist.

Wie ist die Verjährung der Anfechtungsrechte wegen Irrtums, Arglist und Drohung geregelt?

§ 870 Fall 2 ABGB spricht von ungerechter und gegründeter Furcht, womit die Drohung (der Zwang) gemeint ist. Mit „gegründet" (begründet) ist gemeint, dass der Bedrohte ernsthaft mit dem angedrohten Übel rechnen muss. Ob eine Drohung „ungerecht", also rechtswidrig ist, wird mit Hilfe der sog Mittel-Zweck-Relation geklärt: Ist es in Ordnung, das angestrebte Ziel auf diese Weise zu erreichen?

Bsp: Es ist zulässig, dass ein Geschädigter dem Schädiger mit einer Anzeige bei der Polizei droht, falls der Schaden nicht innerhalb von drei Tagen ersetzt wird; anders hingegen, wenn das Doppelte des eingetretenen Schadens verlangt wird.

In Extremfällen ist eine Anfechtung von vornherein entbehrlich: Bei sog vis absoluta (zB mit Waffengewalt erzwungene Unterschrift) liegt gar keine Erklärung vor, die beseitigt werden müsste.

Wann kommt eine Anfechtung wegen Drohung in Betracht?

1. **Die Arglist (List) wird in § 870 Fall 1 ABGB nur erwähnt, aber nicht definiert. Sie bedeutet bewusste Täuschung (Irreführung), um den Geschäftspartner zur Abgabe einer bestimmten Erklärung zu bewegen (§ 870 Fall 1 ABGB).**

2. **Auch das ist denkbar. Ein Anfechtungsrecht nach § 870 ABGB ist dann anerkannt, wenn eine vorvertragliche Pflicht zur Aufklärung verletzt wurde. Die Grenzziehung ist nicht immer einfach, da sich grundsätzlich niemand intensiv um die Interessen des Partners kümmern muss, sondern durchaus seine – gegenläufigen – eigenen Interessen vertreten darf, wozu an sich auch das Ausnutzen eines Informationsvorsprungs gehört.**

   Bsp: Wer sein Grundstück verkauft, darf wohl nicht verschweigen, dass ein unmittelbarer Nachbar bei jeder Gelegenheit die Polizei ruft und Besitzstörungsklagen einbringt.

1. Wann spricht man von Arglist?

2. Gibt es auch arglistiges Verschweigen?

Die Anfechtung eines Vertrages wegen Irrtums bedarf einer Anfechtungserklärung des Irrenden gegenüber seinem Vertragspartner, die nach hA gerichtlich zu erfolgen hat. Das kann auch defensiv erfolgen: Der Partner klagt die Vertragsleistung ein, der Beklagte verweigert ihre Erbringung und beruft sich auf seinen Irrtum.

Eine erfolgreiche Vertragsanfechtung vernichtet die irrtumsbehaftete Erklärung und damit den Vertrag rückwirkend (= ex tunc), wobei die gleichen Folgen wie bei Nichtigkeit eingreifen (also auch sachenrechtliche Rückwirkung). Die Rückforderung bereits erbrachter Leistungen richtet sich nach § 877 ABGB.

Wie geht die Irrtumsanfechtung vor sich; was sind ihre Folgen?

§ 872 ABGB spricht vom Irrtum über einen „Nebenumstand“ und einer angemessenen Vergütung des Irregeführten. Tatsächlich wird die Bestimmung heutzutage als Kausalitätsregel verstanden. Man fragt, ob sich die Parteien ohne den Irrtum des einen dennoch – wenn auch mit anderem Inhalt – geeinigt hätten oder nicht. Falls ja, ist der Irrtum bloß unwesentlich, weshalb es zur Anpassung des Vertrages auf das ohne Irrtum einvernehmlich Gewollte kommt, sofern der Irrende das verlangt.

Bsp: A verkauft sein Grundstück an B, wobei die Größe der Liegenschaft mit 970 m² angegeben wird und der Preis wie üblich ausgehend von einem m²-Preis errechnet wurde. Nachträglich stellt sich heraus, dass das Grundstück nur 945 m² groß ist.

Wann kommt es aufgrund eines Irrtums (bloß) zur Vertragsanpassung?

VERLAG ÖSTERREICH

P. Bydlinski

Ein Wertirrtum liegt dann vor, wenn jemand den Wert der eigenen Leistung oder den der Gegenleistung falsch einschätzt.

Da der Wert einer Sache nicht zu ihren Eigenschaften gehört, ist ein Irrtum darüber als Motivirrtum einzuordnen. Daher ist er im Grundsatz rechtlich ohne Bedeutung.

Wie fast überall gibt es aber auch hier Ausnahmen: zum einen die arglistige Täuschung über den Wert durch den anderen Vertragsteil; zum anderen den massiven Wertirrtum, bei dem ein Teil nicht einmal die Hälfte des Wertes bekäme, den er dem anderen versprochen hat (dann Anfechtungsrecht wegen Laesio enormis nach § 934 ABGB).

Was ist ein Wertirrtum und (wann) ist er rechtlich relevant?

VERLAG
ÖSTERREICH

P. Bydlinski

Anders als beim Geschäftsirrtum geht es nicht um den Inhalt der Erklärung oder des Geschäfts, sondern um den Beweggrund des einen Teils zum Abschluss.

Da der bloße Beweggrund des einen Teils den anderen nichts angeht, sind Motivirrtümer tendenziell unbeachtlich; sogar dann, wenn der Beweggrund vor Vertragsschluss offengelegt wurde. Anderes gilt bei Arglist und bei unentgeltlichen Geschäften (Irrtum des Schenkers) sowie bei letztwilligen Verfügungen. Wurde das Motiv zur Bedingung des Vertrages erhoben, ist es als Bedingung beachtlich (s § 901 ABGB).

Bsp: A kauft eine Briefmarke, da er glaubt, dass sie ihm noch fehlt. Erst zu Hause bemerkt er, dass er sie schon hat (kein Anfechtungsrecht).

Was ist ein Motivirrtum
und wann ist er (wie) beachtlich?

Bei dieser Alternativvoraussetzung des § 871 Abs 1 ABGB geht es darum, dass der Partner des Irrenden in seinem Vertrauen auf dauerhafte Vertragsbindung nicht zu schützen ist, der wirkliche Wille des anderen Teils also vorgeht. Das ist nach der Wertung des Gesetzes unter anderem dann der Fall, wenn es noch zu keinen vermögenswerten Dispositionen im Vertrauen auf den Vertrag gekommen ist.

Bsp: Gibt es eine Annahmeerklärung per E-Mail und 5 Minuten später den Anruf, man habe sich beim Preis verlesen und wolle um das Angebotene gar nicht abschließen, ist diese Aufklärung regelmäßig rechtzeitig; nicht hingegen bei „Korrektur" erst 5 Tage später, wenn der Partner des Irrenden die Kaufsache bereits auf seine Kosten losgeschickt und/oder andere Interessenten abgewiesen hat.

**Wann wurde ein Irrtum
(von wem und gegenüber wem)
rechtzeitig aufgeklärt?**

1. **Geschäftsirrtum iwS (Erklärungs-/Inhalts-/Personenirrtum)**
2. **Kausalität dieses Irrtums (ohne Irrtum kein Vertrag = Wesentlichkeit des Irrtums)**
3. **Alternativ:**

- Veranlassung des Irrtums durch den Partner
- (leichte) Erkennbarkeit des Irrtums für den Partner (musste „offenbar auffallen“)
- rechtzeitige Aufklärung des Irrtums

Was sind die Tatbestandsmerkmale der Irrtumsanfechtung nach § 871 ABGB?

1. **Geschäftsirrtümer iwS (§ 871 ABGB)**
2. **Bewusst (arglistig) herbeigeführte Irrtümer, unabhängig von ihrer Einordnung (also auch Motivirrtümer)**

Welche Irrtümer können zur Anfechtung entgeltlicher Verträge berechtigen?

VERLAG ÖSTERREICH

P. Bydlinski

→ **Geschäftsirrtum iwS (§ 871 ABGB)**

- Erklärungsirrtum
- Inhaltsirrtum (Eigenschaftsirrtum)
- Personenirrtum

→ **Motivirrtum (§ 901 ABGB)**

→ **Rechts(folgen)irrtum**

Der vom anderen Teil bewusst herbeigeführte Irrtum wird als Arglist (§ 870 ABGB) bezeichnet.

Welche Arten von Irrtümern gibt es und wo sind sie geregelt?

Zwar spricht dieser Wortlaut eher für Nichtigkeit. Allerdings ist heute ganz anerkannt, dass ein solcher Irrtum den Irrenden „nur" zur Anfechtung berechtigt. Zum einen soll er allein über den Bestand des Vertrages entscheiden können; zum anderen sieht § 1487 ABGB für die „Forderung wegen … eines Irrtums" eine dreijährige Verjährungsfrist vor, was sich mit Nichtigkeit nicht verträgt.

Dogmatisch präzise wird übrigens nicht der Vertrag, sondern die eigene (irrtumsbehaftete) Erklärung – Angebot oder Annahme – angefochten und so rückwirkend aus der Welt geschafft. Damit fällt aber zugleich der gesamte Vertrag dahin, weil nunmehr ein entscheidendes Element der Einigung fehlt.

Was ist in § 871 Abs 1 ABGB mit der Wendung „so entsteht für ihn keine Verbindlichkeit“ gemeint?

Hier kollidiert der Grundsatz der Vertragstreue (Bindung an das gegebene Wort) mit dem Grundsatz der Privatautonomie, bei dem auf den wirklichen, frei gebildeten Willen des Einzelnen abgestellt wird.

Welche zentralen Grundsätze des Vertragsrechts prallen aufeinander, wenn sich jemand wegen eines Irrtums vom Vertrag lösen will?

Irrtümer sind Fehlvorstellungen von der Wirklichkeit. Sie beziehen sich auf gegenwärtige Umstände (wie den aktuellen Zustand der Kaufsache), nicht hingegen auf zukünftige (dann bloße „Fehlerwartungen"). Ob bloße Zweifel gleich zu behandeln sind, ist umstritten (wohl nicht).

Bsp: Eigenschaftsirrtum (insb bei der Speziesschuld); Erklärungsirrtum, zB durch Verschreiben (Angebot mit 670 statt 760).

Was ist ein Irrtum?

1. **Willensmängel sind in der Regel Abweichungen des Erklärten vom wirklich Gewollten oder von der Wirklichkeit. Auch Fälle, in denen man bewusst etwas erklärt, was man bei freier Willensbildung nicht erklärt hätte, gehören dazu.**

   Bsp: Erklärungs- oder Eigenschaftsirrtum, Drohung

2. **Bloß ausnahmsweise. Aufgrund der Vertrauenstheorie darf sich der Empfänger einer Erklärung im Regelfall auf deren Inhalt verlassen. Es müssen daher besondere Umstände vorliegen, die dazu führen, dass das Interesse des einen Teils am willensmangelfreien Zustand Vorrang vor dem Interesse des anderen an dauerhafter Wirksamkeit des ihm Erklärten hat (zB Arglist oder beim anderen verursachter Geschäftsirrtum).**

1. Was versteht man unter einem „Willensmangel"?

2. Ist ein solcher Mangel bereits im Grundsatz oder bloß ausnahmsweise rechtlich relevant?

1. Wucher führt im Regelfall anerkanntermaßen zu relativer Gesamtnichtigkeit: Der Benachteiligte soll entscheiden können, ob er die Unwirksamkeit wahrnimmt oder doch lieber den Vertrag „behält" (daher keine absolute Nichtigkeit). Eine bloße Teilnichtigkeit (etwa durch Reduktion der übermäßigen Verpflichtung) kommt hingegen nicht in Betracht, da der Wucherer einem Vertrag mit geändertem Inhalt niemals zugestimmt hat und es – anders als bei § 917a ABGB – auch keine klaren Kriterien für eine Reduktion gibt.

2. Dafür sieht § 7 Abs 2 WucherG Besonderes vor: Trotz Nichtigkeit kann sich der Benachteiligte auf die vereinbarten Rückzahlungsfristen berufen; überdies ist die Zinsenreduktion präzise geregelt. Daher ist ein solcher Vertrag im Ergebnis absolut teilungültig.

1. Welche Rechtsfolgen lösen wucherische Verträge aus?
2. Was gilt speziell für den Kreditwucher?

Der Wuchertatbestand des § 879 Abs 2 Z 4 ABGB enthält mehrere Tatbestandselemente, die grundsätzlich kumulativ vorliegen müssen:

- Schwächeelement auf Seiten des Benachteiligten (Leichtsinn, Verstandesschwäche, Zwangslage uä)
- Ausnützen („Ausbeuten") dieser Schwäche durch den anderen Teil
- durch Abschluss einer grob inäquivalenten Vereinbarung (auffallendes Wertmissverhältnis der beiden Hauptleistungen, das allerdings nicht die Grenze der Laesio enormis erreichen muss)

Bsp: Kreditwucher, Mietwucher, Sachwucher

Wann liegt Wucher vor?

1. Hier hat sich in den letzten Jahrzehnten zum einen die Moralauffassung geändert; zum anderen ist Prostitution nicht grundsätzlich verboten, sondern unter bestimmten Rahmenbedingungen erlaubt. Da es jedoch um die höchstpersönliche Sphäre der Prostituierten geht, sind Besonderheiten zu beachten: So kann der Freier die vereinbarte „Leistung" gegen den Willen der Prostituierten nicht durchsetzen.

2. Heutzutage ist anerkannt: Hat die Prostituierte die versprochene Leistung erbracht, steht ihr ein Anspruch auf das vereinbarte Entgelt zu, der gerichtlich durchsetzbar ist (keine bloße Naturalobligation). Sie hat aber auch das Recht, die von ihr versprochene Leistung jederzeit zu verweigern.

1. Fallen Vereinbarungen zwischen einem Freier und einer Prostituierten über die entgeltliche Erbringung sexueller Dienstleistungen unter § 879 ABGB?

2. Welche Rechte stehen der Prostituierten zu?

Nein. In diesem Fall liegt ein bloßes Abschlussverbot vor, dessen Verletzung mit Verwaltungsstrafen belegt wird. Bei § 879 ABGB geht es hingegen um unerlaubte Inhalte (Inhaltsverbot).

Bsp für Inhaltsverbote: Verkauf von Rauschgift oder von verbotenen Waffen; Menschenhandel; gekaufte Falschaussage; Vereinbarung, den Werkvertrag ohne Rechnung abzuwickeln und so vor den Finanzbehörden geheim zu halten [unwirksam ist dann jedoch nur diese Abrede, nicht hingegen der „schwarze" Werkvertrag selbst, da dessen Inhalt – (erlaubte) Werkleistung gegen Entgelt – ja vollkommen unbedenklich ist].

Ein Kleinunternehmer hält sein Geschäft über das gesetzlich Erlaubte hinaus geöffnet und verkauft Waren an Kunden. Sind diese Verträge wegen Gesetzwidrigkeit nichtig?

1. Diese Frage ist nicht einfach zu beantworten. Erfasst werden sollen Fälle im Grenzbereich von Recht und allgemein anerkannten Moralgrundsätzen. Betroffen können sein: Gemeinschaftsinteressen (Freistellung von Strafzahlungspflichten); Einschränkungen der persönlichen (zB dauernde Ehelosigkeit oder Pflicht zur Heirat bis zum 25. Geburtstag) oder der wirtschaftlichen Freiheit (grobe Benachteiligung durch „Knebelungsverträge").

2. Nein. Die Rechtsfolgen sind dieselben (Unwirksamkeit). Nicht selten ist es Zufall, ob eine Fallgruppe bereits gesetzlich ausgeformt wurde oder ob sie der Sittenwidrigkeit zugeordnet wird (s nur die fünf Fallgruppen des § 879 Abs 2 ABGB, die teilweise nicht mehr zeitgemäß sind).

§ 879 Abs 1 ABGB ordnet an, dass Verträge, die gegen das Gesetz oder die guten Sitten verstoßen, nichtig sind.

1. Wann ist ein Vertrag in diesem Sinne sittenwidrig?
2. Ist die genaue Abgrenzung von Gesetz- und Sittenwidrigkeit von Bedeutung?

VERLAG ÖSTERREICH

P. Bydlinski

Bei der Heilung geht es darum, dass der Zweck der zunächst nicht eingehaltenen Formvorschrift (zB Verhinderung übereilter Entscheidungen) auf andere Weise erreicht wird. Heilungswirkungen werden vor allem an die Erbringung jener Leistung geknüpft, die zunächst formunwirksam versprochen wurde (vgl insb § 1432 ABGB, wobei durchaus umstritten ist, wie weit die Heilungswirkung reicht).

Bsp: Wer zunächst nur ein mündliches Schenkungsversprechen gemacht, das Geschenk dann aber freiwillig übergeben hat, kann es nicht mehr zurückfordern; auch dann nicht, wenn er irrtümlich der Meinung war, es aus dem mündlichen Versprechen zu schulden.

Was versteht man unter der „Heilung“ eines Formmangels?

Das hängt von den konkreten Formzwecken ab. Häufig ist die Einhaltung der Form Wirksamkeitsvoraussetzung; so insbesondere bei Formgeboten, die den Erklärenden vor Übereilung schützen sollen (wie etwa bei Bürgschaft und Schenkung). Dann ist die formwidrige Erklärung unwirksam.

Gleiches gilt dort, wo Übereilungsschutz und Beweisaspekt zusammentreffen, also vor allem im Bereich der letztwilligen Verfügungen.

Im Verbraucherrecht führen „minderschwere" Formverstöße eines Unternehmers häufig zu Verwaltungsstrafen, gefährden aber die Wirksamkeit des Rechtsgeschäfts nicht (vgl etwa § 9 Abs 1 VKrG).

Was sind die Folgen der Nichteinhaltung gesetzlicher Formvorschriften?

Für die Telefaxübermittlung wird das heutzutage überwiegend bejaht; Voraussetzung ist selbstverständlich die eigenhändige Unterschrift auf der Originalurkunde. Auch elektronische Erklärungen reichen grundsätzlich aus, sofern sie eine qualifizierte elektronische Signatur des Absenders enthalten (§ 4 Abs 1 Satz 1 SVG).

§ 4 Abs 2 SVG zählt einige wenige Ausnahmen auf, für die eine solche Signatur gar nicht oder nur unter zusätzlichen Voraussetzungen ausreicht.

- schlechthin ausgeschlossen für letztwillige Verfügungen
- ausgeschlossen, sofern eine Bestätigung über die Belehrung durch einen Notar oder Rechtsanwalt fehlt, für formgebundene Willenserklärungen des Familien- oder Erbrechts sowie für Bürgschaftserklärungen von Privatpersonen

Reicht die Übermittlung einer Erklärung per Telefax oder auf elektronische Weise aus, wenn das Gesetz für diese Erklärung Schriftlichkeit iS des § 886 ABGB, also grundsätzlich eigenhändige Unterschrift, verlangt?

Die Gründe für Formpflichten sind durchaus heterogen. Der immer wieder genannte Beweiszweck kann allerdings schon deshalb kein typischer Hauptzweck sein, da sich die Beweisfrage für jeden mündlichen Vertrag stellt, Formfreiheit aber das gesetzliche Prinzip ist. Besondere Bedeutung hat der Beweisaspekt jedoch im Erbrecht.

Von besonderer Bedeutung ist der Warnzweck (Schutz vor Übereilung), vor allem bei riskanten (Bürgschaft) oder typischerweise nachteiligen Geschäften (Schenkungsversprechen, unentgeltliches Darlehen).

Insb im Verbraucherrecht geht es häufig nur darum, dass der Verbraucher Informationen erhält, die für ihn dauerhaft greifbar sind. Dann ist das Formgebot (oft: Papier oder anderer dauerhafter Datenträger; vgl § 9 Abs 1 VKrG) keine Wirksamkeitsvoraussetzung.

Was sind die zentralen Gründe für gesetzliche Formgebote?

Ohne Anspruch auf Vollständigkeit werden folgende Formen in konkreten privatrechtlichen Vorschriften immer wieder verlangt oder als ausreichend angesehen:

- einfache Schriftform (§ 886 ABGB)
- elektronische Erklärung mit qualifizierter elektronischer Signatur (s § 4 SVG)
- Notariatsakt (s insb § 1 NotAktsG)
- Beurkundung durch gerichtliches Protokoll (s zB § 551 ABGB)
- Textform bzw geschriebene Form (s § 13 Abs 2 AktG, § 1b VersVG: keine Unterschrift nötig)

Welche Formgebote finden sich im österreichischen Zivilrecht?

VERLAG ÖSTERREICH

P. Bydlinski

Ja. Es gilt der Grundsatz der Formfreiheit (§ 883 ABGB).

Allerdings gibt es eine größere Zahl von Vorschriften, die – aus unterschiedlichen Gründen – für rechtsgeschäftliche Erklärungen die Einhaltung einer bestimmten Form verlangen.

Bsp: Bürgschaftserklärung (§ 1346 Abs 2 ABGB); Schenkung ohne wirkliche Übergabe

Im Einzelfall ist jedoch genau zu prüfen, ob die verlangte Form Wirksamkeitsvoraussetzung ist oder (nur) andere Zwecke verfolgt.

Bsp: § 31 Abs 1 GBG verlangt allein aus grundbuchsrechtlichen Gründen (bloß formelle Prüfung anhand von Urkunden) einen Kaufvertrag mit beglaubigten Unterschriften. Für die Wirksamkeit eines Grundstückskaufs reicht hingegen jede Form der Einigung aus, also auch eine bloß mündliche.

Können in Österreich durch mündliche Einigung wirksame Verträge geschlossen werden?

Eine gesetzliche Klärung findet sich nur für die Extremfälle des § 878 ABGB: Ein Vertrag kommt von vornherein nicht zustande (S 1). Überdies muss derjenige, der die geradezu unmögliche Leistung versprochen hat, dem anderen Teil uU jene Schäden ersetzen, die dieser im Vertrauen auf die Wirksamkeit erlitten hat.

Bei schlichter Unmöglichkeit ist umstritten, ob der Vertrag zustande kommt oder ob § 878 ABGB (uU analog) Anwendung findet. Vertrauensschäden des anderen Teils sind bei Verschulden (für den Schuldner zumindest erkennbare Erfüllungsunmöglichkeit) jedenfalls zu ersetzen.

Die Vertragswirksamkeit bei schlichter Unmöglichkeit hängt wohl auch davon ab, ob man dem Gläubiger einen Anspruch auf das „stellvertretende Commodum" (zB eine Versicherungssumme) gewährt (ebenfalls umstritten).

Welche Folgen hat die ursprüngliche Unmöglichkeit?

Auch diese Frage ist nicht eindeutig zu beantworten. Grundsätzlich wohl nein, da die Sache existiert und der Vertrag vom Verkäufer erfüllt werden könnte, wenn er das Einverständnis des Eigentümers einholt.

Ist der Eigentümer dazu jedoch nicht oder bloß gegen unzumutbar hohe Gegenleistung bereit, wird („schlichte") ursprüngliche Unmöglichkeit zu bejahen sein.

Dass der Käufer uU über § 367 ABGB trotz fehlenden Verkäufereigentums gutgläubig Eigentum erwerben könnte, steht auf einem anderen Blatt. Ist das geschehen, gibt es für den Käufer keinen Grund, Ansprüche zu stellen.

Liegt eine ursprüngliche Unmöglichkeit vor, wenn jemand eine Sache verkauft, die ihm gar nicht gehört?

Gesetzlich ist dazu nur sehr wenig geregelt. § 878 ABGB erfasst die sog „Geradezu-Unmöglichkeit". Dabei ist bereits dem Vertrag selbst zu entnehmen, dass seine Erfüllung aus faktischen oder rechtlichen Gründen nicht in Frage kommt.

Bsp: Faktisch absurde Versprechen wie Gesundbeten, Verschaffung ewigen Lebens (auf Erden) oder Transport zur Sonne; Versprechen rechtlich unmöglicher Leistungen.

Daneben gibt es Fälle „schlichter" Unmöglichkeit, ohne dass man die Unerfüllbarkeit bereits dem Vertrag entnehmen könnte.

Bsp: Vereinbarung der Lieferung eines Gemäldes, wobei beide Partner beim Vertragsabschluss nicht wissen, dass es am Vortag bei einem Brand vollständig zerstört wurde (anders wohl bei bloßem Diebstahl, da die Chance auf Wiedererlangung besteht).

Welche Fallgruppen sind bei der ursprünglichen Unmöglichkeit zu unterscheiden?

Das Merkmal „ursprünglich" bezieht sich auf den Zeitpunkt des Vertragsschlusses. Konnte das Vereinbarte bereits zu diesem Zeitpunkt (aus rechtlichen und/oder tatsächlichen Gründen) nicht geleistet werden und ist die Leistung auch in der Zukunft (mit größter Wahrscheinlichkeit) ausgeschlossen, war die Erfüllung des Vertrags bereits von Anfang an (= „ursprünglich") unmöglich.

Bsp: Die verkaufte Speziessache existierte bereits zu diesem Zeitpunkt nicht mehr; der Begründung des dem Käufer zugedachten Rechts stehen dauerhafte und nicht zu beseitigende rechtliche Hindernisse entgegen (zB Neubegründung von Stockwerkseigentum; Verkauf einer Eigentumswohnung an eine Gruppe von mehr als zwei Personen).

Wann spricht man von ursprünglicher Unmöglichkeit?

VERLAG
ÖSTERREICH

P. Bydlinski

1. Beide Parteien wollten keinen Kauf um 170.000 €, weshalb eine Einigung darüber fehlt. Vielmehr haben sie einen Kaufpreis von 250.000 € vereinbart. Da es für diesen Vertrag kein Formgebot gibt und gegen diesen Vertragsinhalt keine rechtlichen Bedenken bestehen, ist diese mündliche Vereinbarung wirksam.
2. Der schriftliche Vertrag ist, da einvernehmlich nicht gewollt, ein Scheingeschäft iS des § 916 ABGB. Eine Umgehung läge dann vor, wenn die Parteien erkennen, dass das primär Gewollte rechtlich nicht zu erreichen ist (zB ein von Seiten des Vermieters leicht kündbarer Mietvertrag) und daher – nolens volens – eine andere Vereinbarung treffen, die zu einem möglichst ähnlichen Ergebnis führt. Das Umgehungsgeschäft kann aber scheitern, wenn die umgangene Norm auch auf den abgeschlossenen Vertrag Anwendung findet.

Der Preis für ein Grundstück wird mit 250.000 € vereinbart. Um Steuern und Gebühren zu sparen, wird im schriftlichen Vertrag aber nur 170.000 € als Preis angegeben.

1. Ist ein Vertrag zustande gekommen; wenn ja, mit welchem Inhalt?

2. Scheingeschäft oder Umgehungsgeschäft?

Mittels Umdeutung (Konversion) wird die tatsächlich getroffene, aber ungültige Vereinbarung, durch eine andere ersetzt, deren Existenz dem Parteiwillen näherkommt als die Unwirksamkeitslösung. Sie ist nur dann zulässig, wenn die „Ersatzlösung" gesetzlich erlaubt ist und die aufgrund der (unwirksamen) Vereinbarung erkennbare Interessenlage der Beteiligten für diesen Weg spricht. Beide Voraussetzungen gemeinsam sind nur selten erfüllt.

Bsp: Die geplante wechselrechtliche Verpflichtung scheitert am Fehlen des Wortes „Wechsel" in der Überschrift der Urkunde (Art 1 Z 1 WG). Zwischen Unternehmern kann sie aber in eine unternehmerische Anweisung umgedeutet werden, da das Vereinbarte alle nach § 363 UGB nötigen Voraussetzungen erfüllt.

Was bedeutet Umdeutung und wann ist sie zulässig?

Für den Bereich des Verbraucherrechts ist heute einhellig anerkannt, dass eine sog geltungserhaltende Reduktion der Vertragsklausel (etwa auf unbedenkliche 6 % Verzugszinsen) schon aus Gründen der Prävention und der Effektivität des Verbraucherschutzes nicht in Frage kommt. (Im Beispiel daher Wegfall der Klausel und nur 4 % dispositivrechtlich vorgesehene Verzugszinsen.)

Außerhalb des Verbraucherrechts ist die Zulässigkeit einer Reduktion umstritten. Dafür spricht, dass die Reduktion zu einem Ergebnis führt, das dem Vereinbarten näher liegt als das Resultat gänzlicher Unwirksamkeit; dagegen, dass die AGB-Klausel vom Partner bloß in „verdünnter" Willensfreiheit akzeptiert wurde. Keinesfalls ist eine Reduktion auf das *gerade noch* Zulässige zu befürworten, allenfalls aber eine auf das *jedenfalls* Zulässige.

Wie sieht es mit Teil- oder Gesamtnichtigkeit einer einzelnen unwirksamen AGB-Klausel (zB Verzugszinsen in Höhe von 12 %) aus?

VERLAG ÖSTERREICH

P. Bydlinski

Die Frage lässt sich allgemein kaum beantworten. Entscheidend sind meist zwei Aspekte: der Zweck der Unwirksamkeitsvorschrift und die Interessenlage der beteiligten Personen. Gelegentlich wird die Frage auch ausdrücklich durch konkrete Normen entschieden.

Bsp: Vereinbart jemand für seine Leistung einen höheren Preis als gesetzlich erlaubt, wird der Preis auf das gesetzlich Zulässige reduziert (Teilnichtigkeit nach § 917a ABGB); im Ergebnis ähnlich für den Kreditwucher § 7 Abs 2 WucherG. Für beide Teile verbotene Geschäfte (zB Hehlerei, Zuhälterei, Vereinbarung einer Falschaussage vor Gericht gegen Entgelt) verlangen hingegen zwingend Gesamtnichtigkeit.

Wann kommt es zur Gesamtnichtigkeit einer Vereinbarung, wann zu bloßer Teilnichtigkeit?

1. **Bei Wurzelmängeln leidet der Vertrag schon von Anfang an („an der Wurzel") an einem Mangel. Demgegenüber treten Abwicklungs- bzw Leistungsstörungen erst in einem späteren Stadium auf.**

   Bsp für Wurzelmängel: Willensmängel wie Irrtum oder List (§§ 870f ABGB); ursprüngliche Unmöglichkeit (s § 878 ABGB).

2. **Nein. Aufgrund von Störungen nach Vertragsabschluss kommt keine Anfechtung in Betracht. Allerdings kann ein und derselbe Umstand sowohl nach dem Recht der Willensmängel als auch nach dem der Leistungsstörungen relevant sein.**

   Bsp: Ein Bild wird als Original verkauft (und übergeben), es ist jedoch bloß eine Kopie; daher Irrtum des Käufers beim Vertragsabschluss und mangelhafte Erfüllung.

1. Was ist der Unterschied zwischen Wurzelmängeln und Abwicklungsstörungen?
2. Können auch Störungen bei der Vertragsabwicklung Anfechtungsrechte eines Vertragsteils auslösen?

Absolute Nichtigkeit bedeutet, dass die Vereinbarung rechtlich so zu behandeln ist, als wäre sie niemals zustande gekommen. Sie ist von Amts wegen wahrzunehmen.

Bsp: Rauschgiftdeal, Mordauftrag, Abrede zum Steuerbetrug

Bei relativer Nichtigkeit treten die gleichen Rechtsfolgen dann ein, wenn sich derjenige, der durch die Unwirksamkeit geschützt werden soll, darauf beruft (ganz ähnlich der Anfechtung).

Bsp: Berufung auf Wucher

Ein anfechtbarer Vertrag ist zunächst voll wirksam; ein Teil kann aber seine rückwirkende Beseitigung erreichen.

Bsp: Anfechtung wegen Irrtums (§ 871 ABGB)

Wodurch unterscheiden sich absolute und relative Nichtigkeit sowie Anfechtbarkeit?

→ **Bedingung**

(aufschiebend oder/und auflösend)

→ **Existenz eines Rücktrittsrechts**

(nicht selten im Verbraucherrecht)

→ **Anfechtbarkeit**

(zB wegen eines Willensmangels)

→ **Relative Nichtigkeit; schwebende Unwirksamkeit**

(zB aufgrund von Wucher; s auch § 865 Abs 3–5 ABGB)

→ **Absolute Nichtigkeit**

(insb wegen Gesetzwidrigkeit)

→ **Gesamt- oder bloße Teilnichtigkeit**

Regelmäßig sind Verträge voll wirksam. Das ist aber nicht immer so. Welche Arten der Unwirksamkeit bzw abgeschwächter Wirksamkeit gibt es?

Eigentum ist das Vollrecht an einer (körperlichen) Sache. Es weist die Sache einer bestimmten Person mit absoluter Wirkung zu (§ 353 ABGB).

Grundsätzlich hat ein Eigentümer die vollständige Dispositionsbefugnis über seine Sache. Er kann mit ihr – soweit gesetzlich erlaubt – machen, was er will, zB benützen, verkaufen, verschenken oder vernichten (§§ 354 und 362 ABGB). Umgekehrt muss jeder Nichteigentümer das Recht des Berechtigten achten, weshalb der Eigentümer gegen jeden vorgehen kann, der ohne Erlaubnis die freie Verfügung über seine Sache beeinträchtigt; sei es durch Störung des Gebrauchs (dann Unterlassungsanspruch), sei es gar durch Entziehung der Sache (dann Herausgabeanspruch; s die „Eigentumsklage" nach § 366 ABGB).

Was bedeutet Eigentum und welche Rechtsstellung hat ein Eigentümer?

Nein. Grundsätzlich kann niemand mehr Rechte übertragen, als er selbst hat (§ 442 Satz 3 ABGB). Hat also ein Nichteigentümer eine (fremde) Sache verkauft, erwirbt der Käufer nur ausnahmsweise Eigentum. Das ist dann der Fall, wenn der Eigentümer dieser Veräußerung zugestimmt hat oder wenn die strengen Voraussetzungen des gutgläubigen Erwerbs vom Nichtberechtigten (§ 367 ABGB) erfüllt sind.

Die in der Frage erwähnte Kaufpreiszahlung ist übrigens regelmäßig keine Voraussetzung für den Eigentumserwerb (vgl § 1063 ABGB). Anderes gilt nur bei Vereinbarung eines Eigentumsvorbehalts.

Erwirbt der Käufer in allen Fällen Eigentum, wenn er den Kaufpreis bezahlt hat und ihm die Kaufsache aufgrund des Kaufvertrages übergeben wurde?

1. Zweiaktigkeit bedeutet die zwingende Notwendigkeit sowohl eines Erwerbstitels (Titulus) als auch einer Erwerbungsart (Modus). Der Titel kann in einem Vertrag, aber etwa auch bloß in einer gesetzlichen Grundlage bestehen. Modus für den Eigentumserwerb ist die Übergabe, bei beweglichen Sachen vor allem die körperliche Übergabe, bei Liegenschaften die Eintragung im Grundbuch.

2. Verträge sind nur dann als Grundlage eines Eigentumserwerbs tauglich, wenn sie einerseits wirksam und andererseits auf die Verschaffung von Eigentum gerichtet sind. Das ist etwa bei Kauf, Tausch und Schenkung der Fall, nicht aber etwa bei Miete oder Leihe.

1. **Was versteht man unter der Zweiaktigkeit des Eigentumserwerbs?**

2. **Was ist beim Erwerb aufgrund eines Vertrages zu beachten?**

Nach § 6 Abs 3 KSchG sind solche Klauseln unwirksam, wenn sie unklar oder unverständlich abgefasst sind. Der OGH ist bei der Heranziehung dieses „Transparenzgebots“ überaus streng. Führen Auslegungsversuche nach § 914 ABGB zu keinem eindeutigen Ergebnis, fällt die Klausel zur Gänze weg. An ihre Stelle tritt das dispositive Recht.

Anderes gilt nur in jenen seltenen Fällen, in denen alle (meist zwei) verbleibenden Verständnisvarianten für den Verbraucher günstiger sind als das dispositive Recht. Dann kann er sich auf jenes Verständnis berufen, das für ihn günstiger ist (vgl § 915 Fall 2 ABGB).

Was gilt für unklare AGB-Klauseln, die gegenüber einem Verbraucher verwendet werden?

VERLAG ÖSTERREICH

P. Bydlinski

Nein. § 915 ABGB enthält für solche Fälle zwei Zweifelsregeln, die dann zur Anwendung kommen und die Unwirksamkeit verhindern, da sich die Parteien ja an sich geeinigt haben.

Bei unentgeltlicher Verpflichtung werden die Vertragserklärungen im Sinne jener Verständnisvariante ausgelegt, die den Freigebigen (zB Schenker) weniger belastet.

Bsp: Ist unklar, ob das gebrauchte Auto mit oder ohne Winterreifen geschenkt werden sollte, ergibt sich aus § 915 ABGB: ohne Winterreifen.

Ansonsten, also bei entgeltlichen Verträgen, ist jene Variante zu wählen, die denjenigen belastet, von dem die unklare Erklärung stammt (das ist regelmäßig der Offerent).

Bsp: AGB-Klausel, die gegenüber einem Unternehmer verwendet wird.

Ist ein Vertrag unwirksam, wenn die Auslegung nach den Kriterien des § 914 ABGB zu keinem eindeutigen Ergebnis führt?

Dabei geht es um die Ergänzung ungewollt lückenhafter Vereinbarungen. Es wird versucht, das nicht Geregelte im Sinne dessen zu ergänzen, was die Parteien tatsächlich vereinbart haben (ergänzende Auslegung nach dem hypothetischen Parteiwillen).

Bsp: Insbesondere beim Kauf von Maschinen treffen den Verkäufer Schutz- und Sorgfaltspflichten. Zu denken ist etwa an die Pflicht zur Erteilung von Gefahrenhinweisen und Gebrauchsanweisungen.

Gibt es für den offen gebliebenen Bereich dispositives Recht, so geht grundsätzlich dieses vor.

Bsp: Verzugszinsen für den nicht bedachten Fall verspäteter Bezahlung.

Was versteht man unter ergänzender Vertragsauslegung?

1. **Die Vertragsauslegung soll klären, was die Parteien mit ihren (übereinstimmenden) Erklärungen genau gemeint und gewollt haben.**
2. **Nach § 914 ABGB ist zwar von den verwendeten Worten auszugehen; vorrangig ist aber die Absicht der Parteien. Im Zweifel ist das Vereinbarte im Sinne redlicher Verkehrsübung zu verstehen (sorgfältiges Verständnis aus dem „Empfängerhorizont").**

   Bsp: Wird einem Privaten gegenüber ein Preis genannt, so ist er im Zweifel einschließlich Umsatzsteuer zu verstehen (redliche Verkehrsübung). Wird die Wohnung TOP 12 gemeinsam besichtigt, in den Mietvertrag aber TOP 21 geschrieben (die es gar nicht gibt), liegt eine irrtümliche Fehlbezeichnung vor, die irrelevant ist (falsa demonstratio non nocet): Der Vertrag kommt über TOP 12 zustande.

1. Worum geht es bei der Vertragsauslegung?
2. Welche Überlegungen muss der Rechtsanwender dabei anstellen?

Cic bedeutet Verschulden im vorvertraglichen Verhältnis. Wer mit einem anderen in Vertragsverhandlungen tritt, ist seinem Partner gegenüber zu sorgfältigem Verhalten verpflichtet. Seine Verpflichtungen sind aufgrund dieser rechtlichen Sonderbeziehung also strenger als gegenüber jedermann. So muss vor Abschluss eines Vertrages etwa über Risiken aufgeklärt werden, die für den Partner wichtig, ihm aber vermutlich nicht bekannt sind. Dabei wird auch für das Fehlverhalten von Verhandlungsgehilfen gehaftet (§ 1313a ABGB).

Bsp: Ärztliche Aufklärung über Behandlungsrisiken; Bonitätsprüfung vor Vergabe eines Verbraucherkredits (§ 7 VKrG); Klärung der Risikobereitschaft und der Erfahrungen eines Anlegers bei der Beratung über Vermögensanlagen.

Was bedeutet „culpa in contrahendo“ (cic)?

Das Fern- und Auswärtsgeschäfte-Gesetz (FAGG): Dem Unternehmer werden darin vor allem weitreichende Informationspflichten auferlegt; dem Verbraucher wird ein Rücktrittsrecht eingeräumt.

Das E-Commerce-Gesetz (ECG): Darin werden dem Unternehmer, der als „Diensteanbieter" bezeichnet wird, verschiedene Pflichten gegenüber dem „Nutzer" auferlegt.

Bsp: Der Diensteanbieter muss dem Nutzer unverzüglich bestätigen, dass er von ihm eine Erklärung erhalten hat. Der Nutzer muss die AGB des Anbieters speichern und wiedergeben können.

Welche speziellen Gesetze sind zu berücksichtigen, wenn ein Unternehmer Verträge außerhalb seiner Geschäftsräumlichkeiten oder im Wege elektronischer Kommunikation abschließen will?

Diese Klausel fällt zur Gänze weg und wird durch die dispositivrechtliche Regelung ersetzt (im Verbraucherbereich ist ihre Nichtigkeit in einem Prozess von Amts wegen wahrzunehmen).

Gesetzestext: „ist jedenfalls nichtig" (= unwirksam)

Der übrige Vertrag bleibt aufrecht. Anders als bei § 879 Abs 1 und 2 ABGB kommt es hier also nur zur Teilnichtigkeit, da der gänzliche Vertragswegfall den Interessen des zu schützenden Teils widerspräche.

Ein Unternehmer, der diese Klausel im geschäftlichen Verkehr verwendet, kann im Wege der Verbandsklage auf Unterlassung ihrer künftigen Verwendung in Anspruch genommen werden; auch darf er sich nicht mehr auf sie berufen (§ 28 KSchG).

Was sind die Rechtsfolgen der Feststellung, eine AGB-Klausel sei iS des § 879 Abs 3 ABGB gröblich benachteiligend?

Die Klausel muss einen ungewöhnlichen Inhalt haben, also vom Partner des Verwenders in einem solchen Vertrag nicht zu erwarten sein.

Bsp: In einem Formular-Kreditvertrag steht, dass der Kreditnehmer für alle Schulden bürgt, die seine Ehefrau bei der Bank hat.

Die Klausel muss für den Partner überdies nachteilig sein, also insbesondere vom dispositiven Recht abweichen.

Bsp: wie eben (Bürgenhaftung im Kreditvertrag).

Schließlich musste der Partner mit einer solchen Klausel nach den Umständen nicht rechnen.

Bsp: extremer Kleindruck, irreführende Überschrift; nicht aber bei gesondertem Hinweis auf diese Klausel vor Vertragsschluss.

Was sind die Kriterien, nach denen eine AGB-Klausel iS des § 864a ABGB nicht Vertragsbestandteil wird, und wann sind diese Kriterien erfüllt?

Der Vertragsbestandteil

→ **muss sich in Allgemeinen Geschäftsbedingungen (AGB) oder in einem Vertragsformblatt befinden**

(also nicht individuell vereinbart worden sein),

→ **darf nicht die Hauptleistung betreffen**

(hA dazu großzügig; sonst Prüfung nach Abs 1) und

→ **muss „einen Teil" (= den Partner des AGB-Verwenders) unter Berücksichtigung aller Umstände gröblich benachteiligen.**

§ 879 Abs 3 ABGB findet auch auf AGB Anwendung, die gegenüber einem Unternehmer verwendet werden; allerdings wird dessen geringere Schutzbedürftigkeit bei der Konkretisierung im Einzelfall berücksichtigt („alle Umstände").

Unter welchen Voraussetzungen ist ein Vertragsbestandteil nach § 879 Abs 3 ABGB nichtig?

1. **Mit dem „einen" Teil ist der Partner des AGB-Verwenders gemeint, mit dem „anderen" Teil der AGB-Verwender selbst. [Trotz der offenen Formulierung (anders § 864a ABGB) soll es nicht möglich sein, dass sich der AGB-Aufsteller selbst darauf beruft, durch eine von ihm stammende Klausel gröblich benachteiligt zu sein.]**

2. **Zentraler Maßstab für die Nachteiligkeit ist das dispositive Vertragsrecht. In zweiter Linie ist ein etwaiges Missverhältnis der den Parteien durch den Vertrag jeweils zugewiesenen Rechte und Pflichten von Bedeutung.**

   Bsp: Sieht eine AGB-Klausel zulasten des Partners 6 % Verzugszinsen vor, so ist sie für ihn nachteilig, weil nach dem Gesetz (§ 1333 Abs 1 iVm § 1000 ABGB) nur 4 % zu bezahlen sind. Gleiches gilt etwa für die Verkürzung der Gewährleistungsfristen des § 933 ABGB.

§ 879 Abs 3 ABGB spricht von einer Vertragsbestimmung, die einen Teil gröblich benachteiligt.

1. **Wer ist dieser „eine“ Teil, wer ist der andere?**
2. **Was ist der zentrale Maßstab für die Nachteiligkeit (die auch für § 864a relevant ist)?**

1. Grundsätzlich nein. So schränken die §§ 864a und § 879 Abs 3 ABGB ihren Anwendungsbereich personell in keiner Weise ein. Allerdings wird bei Unternehmern wegen ihrer Erfahrung und Marktmacht tendenziell seltener deren gröbliche Benachteiligung anzunehmen sein als bei Verbrauchern.
2. Ein Unternehmer kann sich allerdings auch im Bereich der AGB-Kontrolle nicht auf dem speziellen Verbraucherrecht entstammende „Ungültigkeitsnormen" (wie insb § 6 KSchG) berufen (außer sie sind ausnahmsweise analogiefähig).

Gelten diese strengen Regelungen nur dann, wenn ein Verbraucher Vertragspartner des AGB-Verwenders ist?

VERLAG ÖSTERREICH

P. Bydlinski

Einbeziehungskontrolle: Man fragt, ob die AGB als solche durch eine darauf gerichtete Vereinbarung in den Vertrag einbezogen wurden.

Bsp: Ein leicht erkennbarer Aushang im Geschäftslokal genügt, nicht hingegen ein nachträglicher Ausdruck auf der Rückseite der Rechnung.

Geltungskontrolle: Man blickt auf die einzelne, im konkreten Rechtsstreit relevante Klausel und fragt, ob sie für den Partner des AGB-Verwenders nachteilig und überraschend ist (§ 864a ABGB).

Inhaltskontrolle: Man fragt, ob die betreffende Klausel konkret verboten ist (insb nach § 6 KSchG) oder unter die Generalklausel der gröblichen Benachteiligung (§ 879 Abs 3 ABGB) fällt.

Welche Kontrollschritte sind vom Rechtsanwender bei der Prüfung einer AGB-Klausel zu setzen?

VERLAG ÖSTERREICH

P. Bydlinski

1. Der Begriff wird im Gesetz nicht definiert, aber öfters verwendet (s nur die §§ 864a und 879 Abs 3 ABGB). AGB sind nicht eigens ausgehandelte, sondern von einem Vertragsteil – in aller Regel einem Unternehmer – vorformulierte Vertragsbedingungen, die primär dem Zweck der Standardisierung von „Massenverträgen“ dienen.
2. Da der Inhalt der AGB ausschließlich von einem Vertragsteil stammt und der Partner des AGB-Verwenders kaum einmal die Chance hat, einzelne Klauseln „wegzuverhandeln“, kann dieser häufig nur entscheiden, ob er zu diesen Konditionen abschließt oder nicht („verdünnte“ Willensfreiheit). Aus diesem Grund werden an die Wirksamkeit dieser Vertragsklauseln strengere Anforderungen gestellt als an Vertragsbestandteile, die auf übliche Weise (individuelles Aushandeln) vereinbart werden.

1. **Was sind Allgemeine Geschäftsbedingungen (AGB)?**
2. **Welche Besonderheiten sind bei Ihnen zu beachten?**

Durch die Annahme kommt der Vertrag mit dem Inhalt des Angebots zustande, weshalb jeder Teil verpflichtet ist, die ihn aus diesem Vertrag treffenden Verpflichtungen zu erfüllen.

Was sind die präzisen Folgen der wirksamen Annahme eines Angebots?

VERLAG
ÖSTERREICH

P. Bydlinski

Nein! Der Grundsatz der Privatautonomie verbietet es, vorweg einseitig festzulegen, wie ein bestimmtes Verhalten des anderen Teils zu verstehen ist. Überdies hat Schweigen keinerlei Erklärungswert. Der Vertrag kommt daher nicht zustande.

Abweichendes gilt nur ganz ausnahmsweise; etwa dann, wenn in einer langdauernden Geschäftsbeziehung vereinbart wurde, dass vorweg näher bestimmte Verträge (etwa Rohstofflieferungen) jede Woche zustande kommen, sofern dem nicht ein Teil bis zu einem konkreten Zeitpunkt widerspricht.

Am Ende eines Angebotstextes findet sich der Satz: „Sollten Sie meinem Angebot nicht innerhalb von 7 Tagen widersprechen, darf ich von Ihrer Zustimmung ausgehen." Der Empfänger reagiert innerhalb dieser Frist nicht. Ist der Vertrag zustande gekommen?

1. **Dass etwa das Verwenden einer unaufgefordert zugesandten Sache nicht als Annahme eines Antrags gilt (§ 864 Abs 2 Satz 1 ABGB), drückt wohl nur die Selbstverständlichkeit aus, dass ein solches Verhalten allein nicht zu einem Vertragsschluss führt (auch wenn der Offerent womöglich anderes in sein Angebot geschrieben hat). Mit entsprechendem Abschlusswillen des Empfängers kann aber auch auf diese Weise ein Vertrag zustande kommen.**

2. **Grundsätzlich kann der Empfänger mit der Sache machen, was er will, ohne dass ihn deshalb Pflichten gegenüber dem Offerenten treffen (§ 864 Abs 2 Satz 2 ABGB).**

   Bsp: Wegwerfen, Verwenden, Aufheben; fraglich bloß bei entgeltlicher Verwertung (allenfalls Bereicherungsanspruch des Offerenten = des früheren Eigentümers).

1. Ergibt sich aus § 864 Abs 2 ABGB womöglich, dass bei real offerierten Waren eine „stille“ Annahme ausscheidet?

2. Welche Rechte und Pflichten treffen den Empfänger solcher ihm unaufgefordert zugesandten Sachen?

Nein. Einer ausdrücklichen Annahmeerklärung (durch Worte oder „allgemein angenommene Zeichen" wie zB Kopfnicken oder Handschlag) gleichwertig ist die stillschweigende (schlüssige) Erklärung (§ 863 ABGB). Das sind nonverbale Handlungen, die keinen Zweifel daran lassen, was damit ausgedrückt werden soll.

Bsp: Der Empfänger eines Angebots zum Kauf einer Sache des Offerenten läutet bei diesem an und drückt ihm wortlos den gewünschten Kaufpreis in die Hand.

Gelegentlich kommt überdies eine Annahme durch Willensbetätigung in Betracht; und zwar dann, wenn – wie zB bei real offerierten Waren – eine Annahmeerklärung nicht zu erwarten ist und der Empfänger dem Angebot tatsächlich entspricht („stille Annahme" nach § 864 Abs 1 ABGB).

Bsp: Der Empfänger verwendet die ihm real angebotenen Ansichtskarten mit Abschlusswillen oder überweist den gewünschten Kaufpreis.

Muss eine Annahme immer durch die ausdrückliche Erklärung erfolgen, hiermit das Angebot anzunehmen?

Im Grundsatz ja, aber nicht ausnahmslos.

So kann es geschehen, dass die Annahme rechtzeitig erklärt wurde, dem Offerenten aber – zB aufgrund eines Fehlers der Post – verspätet zugeht. In diesem Fall kommt es darauf an, ob dem Offerenten das rechtzeitige Absenden der Annahmeerklärung erkennbar ist: Wenn ja, muss der Offerent unverzüglich erklären, dass er den Vertrag nicht mehr will. Tut er das nicht, kommt der Vertrag trotz verspäteter Annahme zustande (dazu § 862a Satz 2 ABGB).

Ist eine verspätete Annahme unwirksam?

1. **Zum einen durch fruchtlosen Ablauf der Annahmefrist (§ 862 Satz 2 aE ABGB), zum anderen durch die Ablehnung des Angebots durch den Empfänger.**

2. **Im Regelfall bleibt das Angebot aufrecht und kann innerhalb der Bindungsfrist angenommen werden. Ausnahme: Aus dem Angebot selbst lässt sich ein gegenteiliger Wille entnehmen (§ 862 Satz 4 ABGB).**

   Bsp: Vereinbarungen, für deren Erfüllung die Existenz des Offerenten notwendig ist (Malen eines Porträts, Beförderung oder Betreuung des Offerenten)

1. **Wann fällt die Bindung des Offerenten an sein Angebot weg?**

2. **Welche Bedeutung hat sein Tod?**

Erforderlich sind:

- eine Annahmeerklärung,
- die dem Offerenten rechtzeitig (= innerhalb der Annahmefrist) zugegangen ist (§ 862a Satz 1 ABGB)
- und die dem Angebot inhaltlich präzise entspricht.

Abweichungen auch bloß in „Nebenpunkten" (zB hinsichtlich des Erfüllungszeitpunktes) bedeuten eine Ablehnung des Angebotenen und zugleich regelmäßig ein Gegenangebot des ursprünglichen Angebotsempfängers.

Was muss geschehen, damit gesagt werden kann, ein Angebot sei rechtzeitig angenommen worden?

1. Der Offerent handelt in diesem Fall auf eigene Gefahr. Lässt der Empfänger die Annahmefrist verstreichen, hat der Offerent Glück gehabt. Erklärt der Empfänger hingegen fristgerecht die Annahme, wird der Offerent schadenersatzpflichtig (Haftung auf das Erfüllungsinteresse; vgl § 920 ABGB).
2. Nein, da der Offerent während offener Annahmefrist sein Angebot nicht zurücknehmen kann (§ 862 Satz 3 ABGB). Daher kann ihm auch die Erklärung, anders verfügen – und damit die Rechte des Empfängers beeinträchtigen – zu wollen (oder gar, bereits anders verfügt zu haben), keine Vorteile bringen.

1. Was sind die Rechtsfolgen, wenn der Offerent vor Ablauf der Bindungsfrist über die angebotene Speziessache in anderer Weise, etwa durch Verkauf und Übergabe an einen Dritten, verfügt?

2. Spielt es eine Rolle, ob er dieses Vorgehen dem Empfänger seines Angebots vor der Verfügung mitgeteilt hat oder nicht?

Grundsätzlich kann der Offerent im Angebot selbst festlegen, wie lange es ihn bindet (§ 862 Satz 1 ABGB).

Eine zu kurze Frist wird die Annahme allerdings häufig verhindern.

Hat der Offerent nichts dergleichen festgelegt, binden ihn das einem Anwesenden oder das in einem Telefonat gemachte Angebot nur so lange, wie die aktuellen Verhandlungen dauern (§ 862 Satz 2 ABGB).

Unter Abwesenden (schriftliches oder auf die Mailbox des Empfängers gesprochenes Angebot) sind für die Dauer der Bindung die für die Übermittlung der Erklärungen nötige Zeit sowie eine der Bedeutung und Komplexität des Geschäfts angemessene Überlegungsfrist entscheidend (§ 862 Satz 2 ABGB).

Wie lange ist der Offerent
an sein Angebot gebunden?

1. **Zugang bedeutet das Gelangen der Erklärung in den Machtbereich des Empfängers; und zwar so, dass dieser vom Inhalt der Erklärung (typischerweise) Kenntnis nehmen kann.**

   Bsp: Ein kurz vor Mitternacht einlangendes E-Mail ist regelmäßig erst am folgenden Tag zugegangen, da mit seiner Lektüre noch vor Mitternacht nicht gerechnet werden darf.

2. **Nur ausnahmsweise. Die Verbindlichkeit des Angebots mit Zugang ist damit zu erklären, dass der Empfänger regelmäßig ab diesem Zeitpunkt darauf vertraut, nunmehr über die Vertragsperfektion entscheiden zu können. Steht aber fest, dass der Widerruf des Angebots erfolgt ist, bevor es der Empfänger zur Kenntnis genommen hat, ist der Widerruf als wirksam anzusehen.**

1. Was bedeutet Zugang?

2. Kann der Offerent sein Angebot wieder zurücknehmen, nachdem es dem Empfänger zugegangen ist?

1. Der erste Schritt ist die Auslegung der Erklärung (vgl § 914 ABGB). Lässt der Text keine Einschränkung (wie „unverbindlich", „freibleibend" oä) erkennen, wird man eine auf einen Vertragsschluss abzielende Erklärung, die an eine bestimmte Person gerichtet ist, als Angebot im Rechtssinn verstehen dürfen. Anders ist es bei Erklärungen an einen unbestimmten Personenkreis (Inserat, Aushang, Internethomepage), da der Erklärende seine Leistung regelmäßig nur in begrenzter Menge zur Verfügung stellen kann und ihm die Möglichkeit bleiben soll, unseriöse Interessenten abzulehnen.

2. Fehlt der Bindungswille, ist die Erklärung regelmäßig als Einladung zu verstehen, dem Erklärenden ein konkretes Angebot zu machen (invitatio ad offerendum). Dieser kann dann frei entscheiden, welche Angebote er annimmt und welche nicht.

1. Woran kann man erkennen, ob eine Erklärung mit dem für ein Angebot nötigen Bindungswillen abgegeben wurde?

2. Was gilt, wenn der Bindungswille fehlt?

Auf diese Frage gibt es keine allgemeingültige Antwort, da das Gesetz je nach Vertragstyp unterschiedlich entscheidet.

Für den Kaufvertrag ist neben einer präzisen Beschreibung der Sachleistung auch die Festlegung des Kaufpreises nötig (§ 1053 ABGB spricht von der Überlassung „um eine bestimmte Summe Geldes“).

Beim Werkvertrag genügt die Fixierung der Werkleistung; die Gegenleistung (Werklohn) ist mangels genauer Festlegung in angemessener Höhe zu leisten (§ 1152 ABGB).

Beim Dienstvertrag kann die Leistungspflicht des Dienstnehmers vorweg regelmäßig nur grob und allgemein umschrieben werden. Einzelne Pflichten werden dann in diesem Rahmen durch Dienstgeberweisung konkretisiert.

Welchen Mindestinhalt eines Angebots verlangt das Gesetz?

VERLAG ÖSTERREICH

P. Bydlinski

- → Inhaltliche Bestimmtheit
- → Vom Gesetz geforderter Mindestinhalt
- → (Endgültiger) Bindungswille des Offerenten
- → Zugang bei demjenigen, der Vertragspartner werden soll

Was ist nötig, um von einem Angebot sprechen zu können?

VERLAG
ÖSTERREICH

P. Bydlinski

Ja!

Kann ein Angebot allein mit dem Wort „ja" oder „einverstanden" angenommen werden?

1. Bei einem Realvertrag muss neben den Konsens als weitere Wirksamkeitsvoraussetzung eine tatsächliche Leistung treten. Die bloße Einigung, in Zukunft bestimmte Leistungen zu erbringen, ist ein bloßer Vorvertrag (§ 936 ABGB).
2. Ja. Im ABGB sind der Verwahrungsvertrag (§ 957) und der Leihvertrag (§ 971) bis heute auf diese Weise konstruiert.

1. **Was ist ein Realvertrag?**

2. **Sind solche Verträge noch in der österreichischen Rechtsordnung zu finden?**

Im Regelfall erfolgt der Abschluss eines Vertrages durch die Abgabe von miteinander inhaltlich übereinstimmenden Willenserklärungen der beiden Geschäftspartner. Dabei wird die zeitlich frühere Erklärung als „Angebot" (Offerte, Antrag) und die spätere als „Annahme" bezeichnet. Der (rechtzeitige) Zugang der Annahmeerklärung macht den Vertrag perfekt. Man spricht von „Konsensualverträgen", da der Konsens, also die Einigung, ausreicht.

Bsp: A schreibt B ein E-Mail, in dem er B sein gebrauchtes Mountainbike um 450 € anbietet. B antwortet gleich am nächsten Tag, dass er das Angebot gerne annimmt.

Wie kommen Verträge in aller Regel zustande?

VERLAG ÖSTERREICH

P. Bydlinski

1. Damit wurde schon sehr früh das Prinzip der Vertragstreue zum Ausdruck gebracht (ähnlich „Versprochen ist versprochen und wird nicht gebrochen!"). Eine auf Privatautonomie aufbauende Privatrechtsordnung kann nur funktionieren, wenn jeder Beteiligte davon ausgehen kann, dass das (freiwillig) Vereinbarte auch eingehalten wird. Daher kann man sich nur in sehr engen Grenzen von einem einmal abgeschlossenen Vertrag einseitig „lossagen".

2. Immer wieder wird betont, dass die Pflicht zur Vertragstreue nach einem Vertragsschluss in Wahrnehmung der eigenen Privatautonomie eine wirklich freie Entscheidung voraussetzt (materielle, nicht bloß formelle Vertragsfreiheit). Dazu gehört etwa das Fehlen von Zwang und im Verbraucherrecht regelmäßig auch eine hinreichende Informationsbasis.

1. Was bedeutet „Pacta sunt servanda"?
2. In welchem Verhältnis steht der darin zum Ausdruck kommende Grundsatz zum Prinzip der Vertragsfreiheit?

Kontrahierungszwang (Abschlusszwang) bedeutet, dass jemand unter bestimmten Umständen verpflichtet ist, mit jemand anderem einen Vertrag abzuschließen. Das betrifft vor allem Monopolisten, auf deren Leistungen (zB Wasser, Energie, öffentlicher Personentransport) andere angewiesen sind.

Der Kontrahierungszwang steht im Widerspruch zur Privatautonomie, da er dem Unternehmer keine Abschlussfreiheit zugesteht. Das Prinzip wird hier aber aus guten Gründen durchbrochen.

Was ist der Kontrahierungszwang und wie verhält er sich zur Privatautonomie?

VERLAG
ÖSTERREICH

P. Bydlinski

1. **Privatautonomie bedeutet Selbstbestimmung. Auch wenn es verschiedenste faktische Zwänge gibt, so gilt im rechtsgeschäftlichen Bereich nach wie vor der Grundsatz der Entscheidungsfreiheit.**

2. **Die Vertragsfreiheit hat im Prinzip folgende Facetten:**

- Abschlussfreiheit (Vertrag nein oder ja und mit wem)
- Formfreiheit (mit Ausnahmen)
- Inhaltsfreiheit (innerhalb der Grenzen des Erlaubten)
- Änderungsfreiheit (einvernehmlich)
- Beendigungsfreiheit (idR einvernehmlich, uU auch einseitig)

1. Was bedeutet das im Privatrecht zentrale Prinzip der Privatautonomie?

2. In welchen konkreten Erscheinungsformen tritt es im Vertragsrecht auf?

Die Rechtsordnung verlangt, dass jeder rechtsgeschäftlichen Verpflichtung der (meist wirtschaftliche) Grund ihrer Übernahme entnommen werden kann. Ansonsten könnte man „Ansprüche" aus gesetz- oder sittenwidrigen Geschäften hinter abstrakten Verpflichtungserklärungen („Ich verpflichte mich hiermit, Dir eine Million Euro zu zahlen") verstecken. Bei Austauschverträgen ergibt sich ihr Grund (die „causa") bereits aus dem Vertragstyp: So verpflichtet sich der Käufer zur Bezahlung des Preises, um die Kaufsache zu erhalten.

Gewisse Besonderheiten gelten in dreipersonalen Verhältnissen, wo etwa die Übernahme einer im Verhältnis zum Begünstigten abstrakten Garantiehaftung zugelassen wird.

Was verbirgt sich hinter dem Grundsatz der Unwirksamkeit abstrakter Verpflichtungen?

→ **Zielschuldverhältnis:**

Kauf, Tausch, Schenkung, Werkvertrag, Auftrag

→ **Dauerschuldverhältnis:**

Darlehen, Leihe, Miete, Pacht, Dienstvertrag, Zeitschriftenabonnement, Versicherungsvertrag

Nennen Sie je drei Beispiele für Ziel- und für Dauerschuldverhältnisse!

1. Solche Verträge zeichnen sich dadurch aus, dass nur ein Vertragsteil Leistungen schuldet. Diese Gruppe entspricht weitestgehend den unentgeltlichen Rechtsgeschäften. Es gibt allerdings auch unentgeltliche Verträge, die nicht streng einseitig sind. So muss bei der Leihe der Entleiher die Sache wieder zurückgeben. Vergleichbares gilt für das zinsenlose Darlehen.

2. Dem sich unentgeltlich Verpflichtenden kommt in verschiedenen Bereichen rechtliche Unterstützung zugute: Häufig bestehen Formgebote, um vor Übereilung zu schützen (§ 1 Abs 1 lit d NotAktsG, § 984 Abs 2 ABGB). Seine Verpflichtungserklärung wird im Zweifel mit dem weniger belastenden Inhalt ausgelegt (§ 915 HS 1 ABGB). Auch kann er uU schon bei einem bloßen Motivirrtum vom Vertrag loskommen (s § 901 ABGB).

1. Was sind bloß einseitig verpflichtende Verträge? Sind sie das Gleiche wie unentgeltliche Rechtsgeschäfte?

2. Worin liegen wichtige Besonderheiten unentgeltlicher Verträge?

Ein Schuldverhältnis ist eine rechtliche Sonderbeziehung zwischen (meist nur) zwei Personen. Es entsteht vor allem durch Vertrag, kann aber auch eine rein gesetzliche Grundlage haben (zB das Verhältnis zwischen Schädiger und Geschädigtem vor dem Ersatz des Schadens). Ob ein solches Verhältnis vorliegt, ist vor allem deshalb von Bedeutung, weil für die nicht ordnungsgemäße Erfüllung der daraus resultierenden Pflichten streng gehaftet wird.

Bsp: Beweislastumkehr für das Verschulden (§ 1298 S 1 ABGB); strenge Zurechnung von Gehilfenfehlverhalten (§ 1313a ABGB).

Was ist ein Schuldverhältnis?

Als Vertrag bezeichnet man eine Vereinbarung zwischen zwei oder mehreren Personen, die damit Rechtsfolgen auslösen wollen. Er kommt regelmäßig durch die Abgabe übereinstimmender Willenserklärungen aller Beteiligten zustande.

Der weiter reichende Begriff „Rechtsgeschäft" erfasst neben Verträgen auch einseitige Geschäfte; also solche, für die bloß die Willenserklärung einer Person nötig ist.

Bsp: Testament, Vollmachterteilung, Kündigung, Ausübung eines Wahlrechts

**Der Vertrag gehört zu den Rechtsgeschäften.
Wodurch ist er charakterisiert?
Welche Rechtsgeschäfte gibt es sonst noch?**

Immer dann, wenn jemand aufgrund des Gesetzes oder einer Vereinbarung zum Handeln (in bestimmter Weise) verpflichtet ist.

Bsp: Die Nichterfüllung der vertraglich übernommenen Leistungspflicht macht regelmäßig schadenersatzpflichtig und gewährt dem Gläubiger ein Rücktrittsrecht wegen Verzugs. Im Schadenersatzrecht ist etwa an die Unterlassung der Hilfeleistung zu denken, die unter bestimmten Umständen sogar einen Straftatbestand darstellt (§ 95 StGB).

Wann zieht bloßes Unterlassen (= Inaktivität) Rechtsfolgen nach sich?

Unter einem Realakt wird ein tatsächliches menschliches Verhalten verstanden, das unabhängig von Entscheidungsfähigkeit und einem zielgerichteten Willen für den Handelnden günstige Rechtsfolgen auslöst.

Relevant sind Realakte etwa im Urheberrecht: Auch ein geisteskranker Komponist, Dichter oder Maler ist Urheber seiner Werke mit allen urheberrechtlichen Folgen. Im ABGB kann durch den Realakt der Verarbeitung Miteigentum an der neu geschaffenen Sache erworben werden (§ 415 ABGB).

Was ist ein Realakt und wann ist er rechtlich relevant?

Eine Willenserklärung ist auf das Auslösen von Rechtsfolgen gerichtet; der Erklärende hat einen sog Rechtsfolgewillen.

Bsp: Annahme eines Angebots, Kündigung, Rücktritt

Die Wissenserklärung (oder Wissensmitteilung) ist hingegen eine Aussage über Tatsachen, die aber in bestimmten Situationen dennoch rechtlich relevant sein können. Auf einen Rechtsfolgewillen kommt es nicht an.

Bsp: Wer dem Gläubiger erklärt, ihm seines Wissens noch 150 € zu schulden, gibt damit ein deklaratives Anerkenntnis ab. Folgen sind die Vermutung der Richtigkeit (klagt der Gläubiger auf Zahlung, muss nunmehr entgegen den allgemeinen Beweislastregeln der Schuldner beweisen, dass er sich geirrt hat und tatsächlich weniger als 150 € schuldet) sowie der Neubeginn der Verjährung nach § 1497 ABGB.

Welcher zentrale Unterschied besteht zwischen einer Willenserklärung und einer Wissenserklärung (Wissensmitteilung)?

VERLAG ÖSTERREICH

P. Bydlinski

→ **Willensbildung (ob Angebot und mit welchem Inhalt)**

→ **Willensäußerung (schriftliches Niederlegen des Gewollten)**

→ **Übermittlung (Absenden + „Reise" zum Empfänger)**

→ **Zugang (Gelangen in den Machtbereich des Empfängers mit Kenntnisnahmemöglichkeit)**

→ **Kenntnisnahme des Angebotsinhalts durch den Empfänger**

Welche Schritte haben bei einem schriftlichen Angebot stattgefunden, bis der Empfänger über dessen Annahme entscheiden kann?

Nachdem geklärt wurde, wer von wem was genau möchte und auf welchen Rechtsgrund er sich dabei stützen könnte (zB G gegen S auf Zahlung von 500 € nach § 1062 ABGB – Kaufpreisanspruch), sind folgende drei Prüfungsschritte sinnvoll:

- Ist der Anspruch entstanden?

  Bsp: Kaufpreisanspruch durch Abschluss des Kaufvertrages.
- Ist der Anspruch bereits erloschen? (nur prüfen, wenn bei 1. „ja")

  Bsp: Bereits bezahlt; vom Gläubiger wurde darauf verzichtet.
- Bestehen Durchsetzungshindernisse? (nur prüfen, wenn bei 2. „nein")

  Bsp: Einrede der Verjährung; Zug-um-Zug-Einrede; fehlende Fälligkeit.

Wie sieht ein einfaches dreistufiges Schema für die Anspruchsprüfung aus?

Verkürzung: grundsätzlich ja; allerdings darf die Verkürzung nicht gegen konkretes zwingendes Recht verstoßen (s etwa § 9 KSchG) oder zu einer sittenwidrigen Einschränkung der Gläubigerrechte führen. So werden etwa kurze Fristen bei entgeltlich erworbenen Gutscheinen als unwirksam angesehen (gesetzlich sind dafür 30 Jahre vorgesehen).

Verlängerung: Die nicht mehr zeitgemäße Norm des § 1502 ABGB erklärt Verlängerungsvereinbarungen für unwirksam. Davon abweichende Spezialregeln wie in § 933 Abs 4 ABGB gehen vor.

Sind vertragliche Vereinbarungen, mit denen die gesetzlichen Verjährungsfristen verkürzt oder verlängert werden, wirksam?

Der Kaufpreisanspruch für die Lieferung einer Sache in einem geschäftlichen Betrieb unterfällt der dreijährigen Verjährungsfrist (§ 1486 Z 1 ABGB).

Für den Lieferungsanspruch (Anspruch auf Übergabe der Kaufsache) existiert hingegen keine Sondernorm, so dass die allgemeine Verjährungsregel des § 1478 ABGB mit seiner 30-jährigen Frist eingreift.

Achtung! Wurde von beiden Seiten noch nicht erfüllt, so kann der Verkäufer nach mehr als drei Jahren seinen Zahlungsanspruch gegen den Willen des Käufers zwar nicht mehr durchsetzen. Er kann sich gegen den Lieferungsanspruch aber mit der Zug-um-Zug-Einrede erfolgreich wehren.

Welche Verjährungsfristen gelten bei einem Verkauf durch einen Unternehmer für den Kaufpreisanspruch und für den Lieferungsanspruch?

Bei der Hemmung wird der Fristlauf durch ein rechtlich anerkanntes Ereignis vorläufig gestoppt (Fortlaufhemmung) oder die Verjährungsfrist wird an ihrem Ablaufen gehindert (Ablaufhemmung).

Bsp: unvertretene entscheidungsunfähige Person (§ 1494 ABGB), Vergleichsverhandlungen.

Der in § 1497 ABGB gebrauchte Ausdruck „Unterbrechung" ist wenig gelungen. Im Grundsatz ist damit gemeint, dass die Verjährungsfrist aufgrund bestimmter Ereignisse neu beginnt; so bei einem Anerkenntnis des Rechts durch den Verpflichteten. Wird innerhalb der Frist Klage erhoben und das Gerichtsverfahren gehörig fortgesetzt, unterbricht das rechtskräftige stattgebende Urteil die Verjährung. Für erfolgreich eingeklagte Ansprüche („Judikatschuld") gilt aber immer eine Frist von 30 Jahren.

Was bedeutet Hemmung der Verjährung, was Unterbrechung?

VERLAG
ÖSTERREICH

P. Bydlinski

Bei jeder Frist müssen zwei Aspekte geklärt werden, um entscheiden zu können, ob sie schon abgelaufen ist:

- Wie lange ist die auf diesen Anspruch anwendbare Frist?
- Wann hat die Frist begonnen?

Bsp: Die (kenntnisabhängige kurze) Verjährungsfrist für Schadenersatzansprüche beträgt drei Jahre. Sie beginnt mit der Kenntnis des Geschädigten von seinem Schaden und der Person des dafür Ersatzpflichtigen. Ohne Kenntnis dieser beiden Umstände beträgt die Verjährungsfrist 30 Jahre; sie beginnt in diesem Fall wohl mit dem Eintritt des Schadens, nach anderer Ansicht bereits mit der dem Schadenseintritt vorgelagerten schädigenden Handlung (Regelung in § 1489 ABGB).

Welche zwei Fragen muss man klären, um über die Verjährung eines Anspruchs entscheiden zu können?

Ja. Vor allem viele schuldrechtliche Ansprüche, aber auch Gestaltungsrechte unterliegen einer dreijährigen Frist (s etwa die §§ 1486, 1487 ABGB). Mangels spezieller Regelung greift eine Verjährungsfrist von 30 Jahren ein (§ 1478 ABGB).

Ausnahmsweise gibt es aber auch Rechte, die nicht verjähren; so etwa das Eigentumsrecht (s den leider wenig klaren § 1459 ABGB). Auch aus dem Verwandtschaftsverhältnis resultierende Rechte, wie jenes auf Unterhaltsgewährung, verjähren nicht (§ 1481 ABGB), wohl aber der Anspruch auf eine konkrete monatliche Unterhaltsleistung.

Unterliegen private Rechte überwiegend der Verjährung?

1. **Ansprüche müssen innerhalb der für sie gesetzlich vorgesehenen Frist gerichtlich geltend gemacht werden. Lässt der Gläubiger diese Frist verstreichen, kann der Schuldner die Einrede der Verjährung erheben (keine Wahrnehmung von Amts wegen; s § 1502 ABGB).**
2. **Bei der Präklusion erlischt das Recht mit Fristablauf zur Gänze. (Weitere Unterschiede sind mangels gesetzlicher Regelung unsicher.)**

   Bsp: „Erlöschen" von Ersatzansprüchen 10 Jahre nach dem Inverkehrbringen des fehlerhaften Produkts (§ 13 PHG).

1. **Was bedeutet, ein Anspruch sei verjährt?**
2. **Welche Unterschiede bestehen zur Präklusion?**

Das ABGB ist insoweit nicht immer ganz präzise. In der Rechtswissenschaft hat sich folgende Unterscheidung durchgesetzt:

- Einreden sind rechtliche Verteidigungsmittel, um einen Anspruch abzuwehren.

  Bsp: Zug-um-Zug-Einrede (§§ 1052, 1062 ABGB); Einrede der Verjährung (§ 1501 ABGB).

- Einwendungen sind hingegen auf der Tatsachenebene angesiedelt.

  Bsp: Ein Kaufpreisschuldner bringt vor und stellt unter Beweis, dass er aufgrund der getroffenen Vereinbarung nicht sofort, sondern erst 60 Tage nach Lieferung zahlen muss.

Was sind Einreden, was Einwendungen?

VERLAG ÖSTERREICH
P. Bydlinski

Bei einer Naturalobligation handelt es sich um eine „unvollkommene" Verbindlichkeit: Das dem Gläubiger zustehende Recht kann gegen den Willen des Schuldners nicht durchgesetzt werden. Erfüllt der Schuldner hingegen freiwillig – wenn auch uU im Irrtum über seine Leistungspflicht –, kann er nichts mehr zurückfordern (§ 1432 ABGB).

Bsp: Ansprüche aus einer Wette ohne vorher hinterlegten Wetteinsatz (§ 1271 ABGB); verjährte Forderungen (§ 1451 iVm § 1501).

Was ist eine Naturalobligation?

Anders als bei einer Rechtspflicht resultiert aus einer Obliegenheit kein durchsetzbarer Anspruch. Vielmehr erleidet derjenige, der eine Obliegenheit verletzt, „nur" Nachteile in seiner eigenen Rechtssphäre.

Bsp:

Wer bei einem Unfall geschädigt wurde, am Schadenseintritt aber durch eigene Sorglosigkeit mitgewirkt hat, muss einen Teil seines Schadens selbst tragen („Mitverschuldenseinwand" nach § 1304 ABGB bzw § 7 EKHG).

Wer die gekaufte Sache nicht zum vereinbarten Zeitpunkt übernimmt (Annahmeverzug), trägt die Gefahr ihrer anschließenden zufälligen Beschädigung (§ 1419 ABGB).

Wer erkennbare Mängel der gekauften Ware nicht rechtzeitig rügt, büßt uU seine Gewährleistungsrechte ein (§ 377 UGB).

Was unterscheidet gesetzliche Obliegenheiten von echten Rechtspflichten?

1. **Herrschaftsrechte, also absolute Rechte, die sich (idR) auf eine körperliche Sache beziehen.**

   Bsp: Eigentum, Pfandrecht, Dienstbarkeit, Baurecht

2. **Gestaltungsrechte, also Rechte, die es dem Berechtigten ermöglichen, die Rechtslage einseitig zu verändern. Sie werden durch Abgabe einer Erklärung ausgeübt; zT außergerichtlich, zT im Rahmen eines Gerichtsverfahrens.**

   Bsp: Kündigung, Rücktritt, Preisminderung und Vertragsauflösung wegen eines Mangels, Ausübung einer Option (jeweils außergerichtlich möglich); Anfechtung wegen Irrtums (nach hA gerichtliche Geltendmachung nötig)

Im Rechtsalltag werden häufig Ansprüche (= Forderungsrechte), zB auf Bezahlung des Kaufpreises, geltend gemacht. Welche subjektiven Rechte gibt es neben den Ansprüchen noch?

Da den zweiten Käufer der erste Kauf grundsätzlich nichts angeht (der Erstkäufer hat dadurch bloß ein relatives, nur gegenüber dem Verkäufer wirkendes Recht erworben), kann der zweite Käufer die Erfüllung seines Kaufvertrages verlangen. Bei einem solchen „Doppelverkauf" erwirbt daher jener Käufer das Eigentum, dem die Sache (zuerst) übergeben wird.

In extremen Konstellationen wird allerdings eine Ausnahme gemacht. Anerkannt ist die Durchbrechung des Relativitätsgrundsatzes jedenfalls dann, wenn der zweite Käufer vom ersten Vertrag weiß und den Verkäufer dazu bringt, dennoch mit ihm einen zweiten Vertrag abzuschließen (Verleitung zum Vertragsbruch). In diesem Fall wird der zweite Vertrag als wegen Sittenwidrigkeit nichtig angesehen, so dass die Übergabe an den Zweitkäufer mangels Titels kein Eigentum verschaffen kann.

Wie ist die Rechtslage, wenn der Eigentümer eine Speziessache zweimal verkauft hat und nun der spätere Käufer ihre Übergabe verlangt?

Ein weitreichendes absolutes – und zugleich dingliches – Recht ist das Eigentumsrecht. Das Eigentum an einer Sache ist dem Berechtigten ausschließlich zugewiesen. Es wirkt daher gegenüber jedermann.

Demgegenüber gibt es bei relativen Rechten regelmäßig bloß eine Person, die dem Berechtigten gegenüber verpflichtet ist. So schuldet der Verkäufer nur dem Käufer die Kaufsache. Andere Personen geht dieses Rechtsverhältnis hingegen grundsätzlich nichts an; weder im positiven noch im negativen Sinn.

Bsp: Die Ehefrau des Käufers hat kein Recht, die Lieferung der Kaufsache zu verlangen; ein Dritter kann grundsätzlich trotz dieses Verkaufs mit dem Verkäufer einen (weiteren) Kaufvertrag über dieselbe Sache schließen.

Subjektive Privatrechte können absolute oder relative Rechte sein. Erklären Sie den Unterschied anhand von Beispielen.

Persönlichkeitsrechtsverletzungen in breiter Öffentlichkeit (Fernsehen, Zeitungen) wiegen besonders schwer. Daher geht das Mediengesetz (MedG) in manchen Bereichen zugunsten des Verletzten über die allgemein anerkannten Rechtsfolgen hinaus; zB:

- Für üble Nachreden, Verspottungen uä ist dem Opfer verschuldens- und schadensunabhängig eine Entschädigung von bis zu 50.000 € zu leisten (§ 6 MedG).
- Das Opfer hat Anspruch auf unentgeltliche Veröffentlichung einer Gegendarstellung (§ 9 MedG).
- Wer in einem Medium als einer Straftat verdächtig genannt wurde, kann etwa verlangen, dass auch über seinen Freispruch angemessen berichtet wird (s § 10 MedG).

Welche Verschärfungen des Persönlichkeitsschutzes hält das Medienrecht bereit?

Regelmäßig macht der schuldhafte Eingriff in fremde Persönlichkeitsrechte schadenersatzpflichtig, wobei nicht selten auch ein ideeller Schaden zu ersetzen ist (zB Schmerzengeld).

Wurde der Eingriff in ein fremdes Persönlichkeitsrecht vom Rechtsträger nicht wirksam gestattet (näher zu einer solchen Einwilligung § 17a Abs 2), kann der Berechtigte, unabhängig von der subjektiven Vorwerfbarkeit des rechtswidrigen Eingriffs, die Unterlassung zukünftiger gleichartiger Verhaltensweisen (zB unwahre ehrverletzende Äußerungen) verlangen.

Soweit möglich, ist ein durch den Eingriff entstandener rechtsverletzender Zustand – zB beleidigende Texte auf der eigenen Homepage – zu beseitigen (§ 20 ABGB), etwa in Gestalt einer öffentlichen Gegendarstellung (vgl insb § 9 MedG).

Schließlich ist eine Bereicherungsabschöpfung denkbar, wenn aus der Persönlichkeitsrechtsverletzung Nutzen gezogen wurde.

Auf welche Weise reagiert das Zivilrecht auf den unerlaubten Eingriff in fremde Persönlichkeitsrechte?

VERLAG
ÖSTERREICH

P. Bydlinski

1. **§ 16 ABGB, der sogar – wenn auch ganz allgemein – von angeborenen, schon durch die Vernunft einleuchtenden Rechten spricht. Ergänzt wurde diese aus der Urfassung stammende Vorschrift erst im Jahre 2021 durch die §§ 17a und 20 (dazu kurz auf Karte 047).**

2. **Konkretere Regelungen finden sich in unterschiedlichen Gesetzen; so zB:**

- Leben, Gesundheit und Freiheit, einschließlich Privatsphäre und sexueller Selbstbestimmung (§§ 1325–1329 ABGB)
- Ehre (§ 1330 ABGB)
- Name (§ 43 ABGB)
- Recht am eigenen Bild (§ 78 UrhG)
- Geheimnis- und Datenschutz (s etwa § 1 DSG, § 38 BWG)

1. Was ist die „Zentralnorm" des Persönlichkeitsschutzes im ABGB?

2. Welche Persönlichkeitsrechte werden aufgrund konkreter Vorschriften geschützt?

Gemeinsamkeiten: Beide, also Menschen („natürliche" Personen) und erst durch Gesetz geschaffene („künstliche") Gebilde („juristische" Personen), können Träger von Rechten und Pflichten sein. Sie sind also beide rechtsfähig und damit Rechtssubjekte.

Unterschiede: Zum einen sind gewisse Rechtsbereiche wie das Familienrecht auf die natürlichen Personen beschränkt; auch kann eine juristische Person nichts vererben. Zum anderen benötigen juristische Personen zwingend Menschen, die für sie als (organschaftliche) Vertreter handeln. Für deren Fehlverhalten hat die juristische Person ziemlich umfassend einzustehen.

**Was sind die Gemeinsamkeiten,
was die wesentlichen Unterschiede zwischen
„natürlichen“ und „juristischen“ Personen?**

VERLAG
ÖSTERREICH

P. Bydlinski

Grundsätzlich erhält der Geschädigte in solchen Fällen mangels Deliktsfähigkeit des Schädigers keinen Ersatz (§ 176 ABGB; s ferner § 1308 ABGB).

Die im Zeitpunkt der Schadensverursachung konkret aufsichtspflichtigen Personen (je nach der Situation zB Eltern, Lehrer, Tagesmutter) müssen allerdings dann Schadenersatz leisten, wenn sie ihre Aufsichtspflicht schuldhaft verletzt haben (§ 1309 ABGB).

Erhält der Geschädigte auf diesem Weg keinen Ersatz, kommt ausnahmsweise eine Haftung des Unmündigen selbst in Betracht; so vor allem bei „Quasiverschulden" oder größerer Finanzkraft des Täters (s § 1310 ABGB), wobei die Judikatur auch eine bestehende Haftpflichtversicherung berücksichtigt.

**Wer haftet für Schäden,
die ein Unmündiger verursacht hat?**

VERLAG
ÖSTERREICH

P. Bydlinski

Grundsätzlich nein, da es primär auf die geistigen Fähigkeiten ankommt.

Punktuelle Sondervorschriften für Blinde enthält allerdings § 1 Abs 1 lit e NotAktsG, soweit es um die Errichtung von Urkunden über Rechtsgeschäfte geht (Gefahr des Unterschiebens gar nicht gewollter Erklärungen). Zur Errichtung letztwilliger Verfügungen durch Personen, die nicht (mehr) schreiben oder lesen können, s § 580 ABGB.

Gibt es im Zivilrecht Sondervorschriften für körperlich beeinträchtigte Personen?

VERLAG ÖSTERREICH

P. Bydlinski

Beginn:

- rechtskräftige Bestellungsentscheidung durch das Pflegschaftsgericht (§ 245 Abs 3 ABGB)

Ende (s dazu § 246 Abs 1 ABGB):

- Tod eines Beteiligten
- nach Ablauf von drei Jahren ab der Bestellung in 1. Instanz mangels Erneuerung
- rechtskräftige gerichtliche Entscheidung, mit der der Vertreter abberufen wird
- nicht hingegen durch Widerspruch der geistig beeinträchtigten Person

Wann beginnt und wann endet die Vertretungsbefugnis eines gerichtlichen (= vom Gericht bestellten) Erwachsenenvertreters?

1. Eintragungen im Österreichischen zentralen Vertretungsverzeichnis (ÖZVV) haben grundsätzlich konstitutive Wirkung. So entsteht etwa das Vertretungsrecht eines Vorsorgebevollmächtigten erst mit Eintragung des Vorsorgefalls im ÖZVV (§ 245 Abs 1 ABGB). Gleiches gilt für den Wegfall des Vertretungsrechts nach Kündigung, Widerruf oder Widerspruch (s die Erlöschensgründe in § 246 Abs 1 ABGB). Eintragungen in Bezug auf gerichtlich bestellte Erwachsenenvertreter sind hingegen nur deklarativ (vgl § 245 Abs 3 ABGB).

2. Zu Eintragungen berechtigt sind Notare, Rechtsanwälte und Erwachsenenschutzvereine. Lediglich Eintragungen zur gerichtlichen Erwachsenenvertretung sind direkt vom Pflegschaftsgericht vorzunehmen (§ 126 Abs 2 Satz 2 AußStrG).

1. Welche Bedeutung haben Eintragungen im ÖZVV?

2. Von wem werden solche Eintragungen vorgenommen?

Dessen Befugnisse müssen direkt dem Gesetz entnommen werden. § 269 Abs 1 ABGB spricht davon, dass die im Folgenden genannten Bereiche „betroffen sein können". Gemeint ist damit, dass in all diesen Bereichen vertreten werden kann, soweit sie im ÖZVV erwähnt sind (s § 140h Abs 4 Z 6 NO). Die Vertretungsbefugnis kann alle personenrechtlichen und alle rechtsgeschäftlichen Angelegenheiten einschließlich der Verfügung über Einkünfte und Vermögen der vertretenen Person und der Vertretung vor Gericht umfassen (s § 269 Abs 1 Z 7 und 8 sowie Abs 2 ABGB).

§ 268 Abs 2 ABGB zählt mögliche gesetzliche Vertreter auf; neben nahen Angehörigen auch die in einer Erwachsenenvertreter-Verfügung genannte Person. Für ein und denselben Bereich kann allerdings immer nur eine, im ÖZVV eingetragene, Person vertretungsbefugt sein (§ 243 Abs 3 ABGB).

Die Reichweite der Vertretungsbefugnis eines Vorsorgebevollmächtigten ergibt sich aus der Vollmacht, die eines gerichtlichen Erwachsenenvertreters aus dem Bestellungsbeschluss. Welche Befugnisse hat ein gesetzlicher Erwachsenenvertreter; und wer kann das sein?

1. Er kann die gewünschte Person in einer Erwachsenenvertreter-Verfügung nennen, muss dafür aber noch ein gewisses Maß an geistigen Fähigkeiten besitzen (§ 244 ABGB).

   Unter den gleichen Voraussetzungen kann er mit der gewünschten Person eine entsprechende Vereinbarung schließen und sie so für näher umschriebene Angelegenheiten zum Vertreter wählen (§§ 264 f ABGB).

2. Die Erteilung einer Vorsorgevollmacht kommt hingegen nicht in Betracht, da sie (volle) Entscheidungsfähigkeit voraussetzt (s § 260 und § 263 Abs 2 ABGB).

1. Welche Möglichkeiten hat jemand, der in seiner Entscheidungsfähigkeit bereits eingeschränkt ist, zu einem Vertreter seiner Wahl zu kommen?
2. Welche Option steht in diesem Stadium hingegen nicht mehr zur Verfügung?

Die Vollmacht muss ihm bei geistiger Gesundheit des Vollmachtgebers für den Fall des Verlusts der Entscheidungsfähigkeit für näher bestimmte Angelegenheiten erteilt worden sein (§ 260 ABGB); und zwar schriftlich nach ausreichender Belehrung (§ 262 ABGB).

Überdies müssen sowohl die Vorsorgevollmacht als auch – nach Prüfung der Voraussetzungen – der Eintritt des sog Vorsorgefalls in das ÖZVV eingetragen worden sein. Der Vorsorgefall ist (uU bloß teilweise) eingetreten, soweit der Vollmachtgeber die Entscheidungsfähigkeit verloren hat, die zur Besorgung der dem Bevollmächtigten für diesen Fall anvertrauten Angelegenheiten erforderlich wäre (§ 263 Abs 1 Satz 2 ABGB). Schließlich muss die vom Vorsorgebevollmächtigten beabsichtigte Vertretungshandlung in den eingetragenen Wirkungsbereich fallen.

Was ist nötig, damit jemand eine geistig beeinträchtigte Person als Vorsorgebevollmächtigter vertreten kann?

→ **Vorsorgevollmacht**

(§§ 260 ff ABGB)

→ **Gewählte Erwachsenenvertretung**

(§§ 264 ff ABGB)

→ **Gesetzliche Erwachsenenvertretung**

(§§ 268 ff ABGB)

→ **Gerichtliche Erwachsenenvertretung**

(§§ 271 ff ABGB)

**Welche „vier Säulen“
der Erwachsenenvertretung
sieht das Gesetz vor?**

Im Vordergrund steht die Devise der Selbstbestimmung (Nachrang der Stellvertretung) sowie der möglichst weit gehenden Einbeziehung der geistig beeinträchtigten Person in Entscheidungen (s die §§ 239–241 ABGB).

Der geistig beeinträchtigten Person soll möglichst großer Einfluss auf die Wahl desjenigen zukommen, der sie vertreten soll. Daher ist sogar nach dem gänzlichen Verlust der Entscheidungsfähigkeit eine nachträgliche Ablehnung möglich.

Die Bestellung eines Vertreters hat grundsätzlich keine Auswirkungen auf die Handlungsfähigkeit des betroffenen Erwachsenen (§ 242 Abs 1 ABGB). Vielmehr kommt es für die rechtliche Relevanz seiner Handlungen auf seine aktuell vorhandenen Fähigkeiten an (Ausnahme: gerichtlicher Genehmigungsvorbehalt; § 242 Abs 2 ABGB).

Was sind die wichtigsten Grundsätze des Rechts der „Erwachsenenvertretung"?

VERLAG ÖSTERREICH

P. Bydlinski

1. **Es geht um die Unterstützung einschließlich der Vertretung von volljährigen Personen, die aufgrund einer psychischen Krankheit oder einer vergleichbaren Beeinträchtigung in ihrer Entscheidungsfähigkeit eingeschränkt sind (§ 239 Abs 1 ABGB).**

   Bsp: echte Geisteskrankheit, Demenz, Koma

2. **Da sich der Gesetzgeber aufgrund von Diskriminierungsängsten nicht dazu entschließen konnte, einen einheitlichen Ausdruck (wie behinderte oder geistig beeinträchtigte Person) zu verwenden, ist er auf unterschiedliche Formulierungen wie „volljährige Person", „vertretene Person", „betroffene Person" oder „verfügende Person" ausgewichen.**

1. Für welchen Personenkreis ist das Recht der „Erwachsenenvertretung" gedacht?
2. Wie werden diese Personen bezeichnet?

Ja. Zwar genügt im Normalfall die Vertretungshandlung eines Obsorgeberechtigten; sie ist auch dann wirksam, wenn der andere Obsorgeberechtigte dagegen ist (§ 167 Abs 1 ABGB). Für wichtigere Entscheidungen gibt es aber strengere Voraussetzungen.

So müssen beide mit der Obsorge betrauten Elternteile einvernehmlich – nicht unbedingt zugleich – als Vertreter handeln, wenn es etwa um Namensänderungen, um Änderungen der Religionszugehörigkeit oder um die vorzeitige Auflösung von Ausbildungsverträgen geht (Aufzählung in § 167 Abs 2 ABGB).

Schließlich wird neben dem Vertretungshandeln aller mit der Obsorge Betrauten auch noch die Zustimmung des Pflegschaftsgerichts benötigt, wenn es um riskante oder typischerweise nachteilige Geschäfte geht (Aufzählung in § 167 Abs 3 ABGB).

Gibt es Fälle, in denen die Erklärungen eines gesetzlichen Vertreters nicht ausreichen, um für den Minderjährigen Rechtsfolgen auszulösen?

Da in diesem Fall der Vertrag nur mit dem Minderjährigen zustande kommt, ist auch nur dieser zur Erfüllung verpflichtet.

Die Antwort, der gesetzliche Vertreter müsse den Vertrag (unter Einsatz seines eigenen Vermögens) erfüllen, wäre ein ganz grober Fehler! Allenfalls könnte man an Schadenersatzpflichten denken, wenn der Vertreter kontrahiert hat, ihm dabei aber klar sein musste, dass das Vermögen des von ihm vertretenen Minderjährigen zur Erfüllung nicht ausreicht (culpa in contrahendo).

Von wem kann der Vertragspartner die vereinbarte Leistung verlangen, wenn der gesetzliche Vertreter für den Minderjährigen einen wirksamen Vertrag abgeschlossen hat, die Erfüllung aber ausgeblieben ist?

Die Vertretungsbefugnis ist demjenigen zugewiesen, der mit der Obsorge des Minderjährigen betraut ist (§ 158 ABGB).

Waren die Eltern des Minderjährigen bei dessen Geburt miteinander verheiratet, sind beide von ihnen bereits von Gesetzes wegen mit der Obsorge betraut und daher je für sich gesetzliche Vertreter (§ 177 Abs 1 ABGB).

Ansonsten ist zunächst nur die Mutter die gesetzliche Vertreterin (s § 177 Abs 2 S 1 ABGB). Davon abweichende Regelungen sind jedoch möglich (viele Details dazu in § 177 ABGB).

Wer ist von Gesetzes wegen Vertreter eines Minderjährigen?

Hat ein Unter-7-jähriger gehandelt, ist der Vertrag absolut, also unheilbar, unwirksam (vgl § 865 Abs 4 S 1 ABGB; „zur Gänze“).

Ein älterer Minderjähriger bringt außerhalb seiner Eigengeschäftsfähigkeit immerhin einen schwebend unwirksamen Vertrag zustande. Dessen Vertragspartner bleibt zunächst an seine Erklärung gebunden; genehmigt der gesetzliche Vertreter (und allenfalls auch das Gericht) den Vertrag, wird dieser voll wirksam. Um Klarheit zu erhalten, kann der Partner dem Vertreter eine angemessene Frist zur Genehmigung setzen (zu all dem § 865 Abs 3 Satz 2 und Abs 4 ABGB). Verstreicht die Frist ungenützt, entfällt jegliche Bindung.

Was sind die Folgen, wenn Minderjährige alleine Verträge abschließen, für die sie keine ausreichende Geschäftsfähigkeit haben?

1. Verträge, die der Jugendliche mit ihm frei zur Verfügung stehenden Sachen (einschließlich des eigenen Einkommens) schließt, ohne damit die Befriedigung seiner Lebensbedürfnisse (Wohnen, Essen, Kleidung usw) zu gefährden (§ 170 Abs 2 ABGB).
2. Von ihm zur Gänze erfüllte, für sein Alter übliche geringfügige Alltagsgeschäfte (§ 170 Abs 3 ABGB).
3. Dienstverträge, sofern sie nicht auch ein Ausbildungsverhältnis zum Inhalt haben (§ 171 ABGB).

Welche Verträge kann ein Jugendlicher, der über 14 Jahre, aber noch nicht 18 Jahre alt ist, allein wirksam abschließen?

1. **Alterstypische geringfügige Alltagsgeschäfte, sofern das Kind das Geschäft voll erfüllt (§ 170 Abs 3 ABGB).**

   Bsp: Der 5-jährige Klaus hat von seiner Tante 2 € bekommen und kauft sich damit ein Eis um 1,30 €. Zwei 6-jährige tauschen Sticker-Bilder, die sie jeweils doppelt haben.

2. **Verträge, die sie ausschließlich begünstigen, also vor allem Schenkungen; seit 1.7.2018 unabhängig vom Wert des Geschenks (§ 865 Abs 2 ABGB).**

Welche Verträge können Unter-7-jährige allein wirksam abschließen?

VERLAG ÖSTERREICH

P. Bydlinski

Ja, ganz ausnahmsweise. So können entscheidungsunfähige (geistig beeinträchtigte) Volljährige selbst Alltagsgeschäfte abschließen, die ihre Lebensbedürfnisse nicht übersteigen (§ 242 Abs 3 ABGB; für Unter-7-jährige s § 170 Abs 3 ABGB).

Zumindest im weiteren Sinn rechtsgeschäftlicher Natur ist auch der Widerruf einer Vorsorgevollmacht oder einer gewählten Erwachsenenvertretung bzw der Widerspruch gegen eine gesetzliche Erwachsenenvertretung. Für deren Wirksamkeit ist ebenfalls keine Entscheidungsfähigkeit erforderlich (s § 246 Abs 1 S 2 ABGB; zu medizinischen Behandlungen iwS s die §§ 253 ff ABGB).

Gibt es Fälle, in denen jemand trotz fehlender Entscheidungsfähigkeit im rechtsgeschäftlichen Bereich dennoch handlungsfähig ist?

Die betreffende Person muss

- die Bedeutung und die Folgen ihres Handelns im jeweiligen Zusammenhang verstehen,
- ihren Willen danach bestimmen
- und sich entsprechend verhalten können.

§ 24 Abs 2 ABGB

Was ist nötig, um Entscheidungsfähigkeit zu bejahen?

Zum Ersten auf das Alter: Unter-7-jährige sind regelmäßig handlungsunfähig (s etwa § 865 Abs 4 Satz 1 ABGB), Über-18-jährige hingegen voll handlungsfähig.

Zum Zweiten auf den geistigen Zustand: Abgestellt wird dabei auf die Entscheidungsfähigkeit im betreffenden Zusammenhang, bezogen auf den Handlungszeitpunkt (vgl § 24 ABGB).

Auf welche zwei Kriterien kommt es für die Handlungsfähigkeit in aller Regel an?

→ **Deliktsfähigkeit (§ 176 ABGB)**

→ **Testierfähigkeit (§ 566 ABGB)**

→ **Geschäftsfähigkeit (§ 865 ABGB)**

→ **Ehefähigkeit (§ 1 EheG)**

→ **Partnerschaftsfähigkeit (§ 4 EPG)**

Welche Sonderfälle der Handlungsfähigkeit sind im österreichischen Privatrecht ausdrücklich geregelt? Nennen Sie auch die einschlägigen Gesetzesstellen!

1. Zunächst gar nichts. Lebt der Mensch noch, verliert er weder Rechts- noch Handlungsfähigkeit noch seine Rechte und Pflichten.

   Je länger jemand nachrichtenlos verschwunden ist, umso eher ist von seinem Tod auszugehen; zumal dann, wenn er in einer konkreten Gefahrensituation verschwunden ist (Bergtour im Himalaya, Solo-Segelturn auf hoher See, verschwundenes Kleinflugzeug). Daher sieht das Todeserklärungsgesetz (TEG) für solche Fälle die Möglichkeit vor, bei Gericht den Antrag auf Todeserklärung zu stellen (zu den allgemeinen Voraussetzungen s nur § 1 TEG).

2. Zweimal ja. Nach rechtskräftiger Todeserklärung, die das Datum des vermuteten Todes enthält, gilt der überlebende Ehegatte als Witwe/r und es wird ein Verlassenschaftsverfahren eröffnet.

1. Was geschieht, wenn jemand plötzlich verschwindet und diese Person längere Zeit nichts mehr von sich hören lässt?

2. Insbesondere: Kann der Ehegatte dieser Person wieder heiraten? Kann der Verschwundene beerbt werden?

An sich nein. Noch Ungeborene werden aber unter der Bedingung ihrer Lebendgeburt als schon geboren fingiert, soweit es um ihre Rechte geht (§ 22 ABGB).

Bsp: Stirbt der Vater und hinterlässt er neben seiner zweijährigen Tochter einen noch ungeborenen Sohn, so kann der Sohn gleichwertig neben seiner Schwester Erbe seines Vaters werden, wenn er lebend zur Welt kommt.

Ist ein noch Ungeborenes im Mutterleib (nascitura bzw nasciturus) rechtsfähig?

1. Rechtsfähigkeit bedeutet, Träger von Rechten und Pflichten sein zu können (keine ausdrückliche Regelung dazu im Gesetz). Demgegenüber heißt Handlungsfähigkeit, dass jemand Rechte und/oder Pflichten selbst, also durch eigenes Handeln, begründen kann (§ 24 ABGB).

2. Rechtsfähig sind alle lebenden Menschen sowie die juristischen Personen. Uneingeschränkt (voll) handlungsfähig sind geistig gesunde – und damit voll entscheidungsfähige – Erwachsene (Volljährige; ab dem 18. Geburtstag – § 21 Abs 2 ABGB e contrario).

1. Was ist der Unterschied zwischen Rechts- und Handlungsfähigkeit?

2. Wem stehen diese Fähigkeiten uneingeschränkt zu?

1. **Den Hund selbst natürlich nicht, da er kein Rechtssubjekt ist. Beim „Tierheim" kommt es auf dessen Qualifikation an. Wird es etwa von einem Verein betrieben, kann dieser Verein als juristische Person (des Privatrechts) Erbe sein.**

2. **Ein Hund wird als Tier schon seit längerem auch im Privatrecht ausdrücklich von der (leblosen) Sache unterschieden (s § 285a versus § 285 ABGB). Da für Tiere aber nur wenige zivilrechtliche Vorschriften bestehen, sind auch auf sie die auf Sachen abzielenden Regelungen weitestgehend anzuwenden; so etwa die Vorschriften über den Eigentumserwerb.**

   Wichtigste Ausnahme: Schadenersatz nach „Beschädigung" (= Verletzung) eines Tieres (s § 1332a ABGB).

1. Kann man seinen Hund oder ein bestimmtes Tierheim, das sich um den Hund kümmern soll, zum Erben einsetzen?

2. Was unterscheidet einen Hund im Privatrecht von einer leblosen Sache?

Rechtssubjekte sind Träger von Rechten und Pflichten. Neben allen lebenden Menschen (sog natürliche Personen) sind auch die juristischen Personen solche Rechtsträger. Das sind künstliche Gebilde (zB GmbH, AG, Vereine, Stiftungen, Gebietskörperschaften), denen durch Gesetz Rechtspersönlichkeit verliehen wurde.

Rechtsobjekte sind demgegenüber alle Dinge, die einem Rechtssubjekt gehören können; also vor allem Sachen (§ 285 ABGB) und Tiere (§ 285a ABGB), sofern sie nicht dem Rechtsverkehr entzogen sind.

Bsp: Aufgrund des weiten Sachbegriffs gehören dazu auch unkörperliche Gegenstände, wie etwa Rechte (zB Forderungs- oder Urheberrechte). Haare gehören dagegen zum Menschen, so lange sie auf dessen Kopf wachsen. Erst mit dem Abschneiden werden sie zu Rechtsobjekten.

Was sind Rechtssubjekte, was Rechtsobjekte?

Ja. Der Tatbestand einer Norm kann nicht nur zu eng (dann uU Analogie), sondern auch zu weit geraten sein. Passt der Gesetzeszweck nur für einen Teilbereich, kommt eine sog teleologische Reduktion in Betracht: Die Norm wird trotz des weiter gehenden Wortlauts auf bestimmte Fallgruppen nicht angewendet.

Bsp: § 428 ABGB lässt für die Eigentumsübertragung das Besitzkonstitut zu. Dabei bleibt die Sache beim Übergeber und die Einigung über den Eigentumsübergang genügt. Für die Sicherungsübereignung wird diese Übergabeart jedoch nicht akzeptiert, da dort der Zweck der Eigentumsübertragung dem der Verpfändung entspricht und das Pfandrecht ein zwingendes Publizitätsprinzip kennt (s § 451 ABGB). So wird die Umgehung zwingenden Rechts verhindert.

Kann auch die Reduktion einer Norm methodisch zulässig sein?

Der Umkehrschluss. Er ist logisch einfacher zu begründen. Da nicht alle Tatbestandsmerkmale der Norm erfüllt sind, greift die vorgesehene Rechtsfolge nicht ein. Voraussetzung dafür (und damit zugleich Analogiehindernis): Der Gesetzgeber hat die Unterschiede auch in den Rechtsfolgen beabsichtigt.

Bsp: § 176 ABGB verlangt für die Deliktsfähigkeit Mündigkeit (14 Jahre und älter). Ein 12-jähriger Schädiger ist also deliktsunfähig und wird daher in der Regel auch nicht schadenersatzpflichtig (Ausnahme: § 1310 ABGB).

Was ist das methodische Gegenstück zur Analogie?

VERLAG
ÖSTERREICH

P. Bydlinski

Analogie bedeutet die Anwendung von Rechtsnormen auf einen Sachverhalt, der an sich nicht unter den Tatbestand der Norm fällt.

Sie ist in § 7 ABGB geregelt.

Aus § 7 ABGB ergibt sich, dass die Gesetzesregelung ungewollt („planwidrig") unvollständig sein muss, also eine Regelungslücke vorliegt. Ziel ist die Gleichbehandlung wertungsgemäß gleichgelagerter Sachverhalte. Bei bewusster Differenzierung kommt Analogie nicht in Betracht, mag die Differenzierung auch willkürlich oder gar verfassungswidrig sein.

Bsp: § 1346 Abs 2 ABGB sieht zwecks Übereilungsschutzes für die Bürgschaftsübernahme die Schriftform vor, nicht aber für die mindestens genauso riskanten Haftungsformen Schuldbeitritt und Garantie.

Was bedeutet „Analogie", wo ist sie geregelt und wann ist sie zulässig?

1. **Es geht um die unionsrechtskonforme (europarechtskonforme, richtlinienkonforme) Interpretation nationaler Vorschriften, die aufgrund europäischer Richtlinienvorgaben in den Mitgliedstaaten den europarechtlich vorgegebenen Inhalt haben sollen. Ist die nationale Norm nicht eindeutig, ist sie grundsätzlich auch auf nationaler Ebene im Sinne der Richtlinie zu interpretieren.**

2. **Anerkanntermaßen sind dabei aber die nationalen Grenzen zulässiger Interpretation zu beachten, insb die sog Lex-lata-Grenze (Wortlaut und gesetzgeberischer Wille stimmen überein).**

   Bsp: Der Gesetzgeber hat dem Übernehmer einer mangelhaften Leistung in § 932 Abs 4 ABGB bewusst keinen Verbesserungsanspruch gewährt, wenn die Verbesserung für den Übergeber unverhältnismäßig aufwändig wäre. Das bleibt auch dann beachtlich, wenn das Europarecht diese Einschränkung nicht kennt.

1. **Welche Auslegungsmethode ist seit Österreichs Beitritt zur Europäischen Union hinzugetreten?**
2. **Welches Hauptproblem ist mit ihr verbunden?**